Johnny H. et moi

Fred Jimenez

JOHNNY H.
ET MOI

Préface de Bertrand Burgalat

le cherche midi

Vous pouvez consulter notre catalogue général
et l'annonce de nos prochaines parutions sur notre site :
www.cherche-midi.com

92, avenue de France
75013 Paris

Conception graphique : Justine Dupré
Composition : Nord Compo
Dépôt légal : mars 2024
ISBN 978-2-7491-8024-3

À Bérangère et Emerson
À Alfonso

PRÉFACE

On ne remarque pas le bassiste, même s'il est remarquable. Depuis le meilleur poste d'observation, la scène côté cour, à la droite du batteur, Fred Jimenez vient d'écrire le texte le plus passionnant sur Johnny Hallyday. Retour d'expérience, enquête de personnalité et d'entourage, *Johnny et moi* est du calibre de *Mr S. : Ma vie avec Frank Sinatra* (George Jacobs) ou de *Nico, The End* (James Young), ces témoignages formidables dans lesquels le narrateur ne cherche pas à se mettre en avant, qui en disent plus que tant de biographies.

En 2015, alors que nous déjeunions ensemble, il m'avait tout raconté d'une traite, les intrigues et les luttes de pouvoir autour de la poule aux œufs d'or, les musiciens américains, travailleurs saisonniers cloîtrés dans leur chambre d'hôtel pour ne pas écorner leur pécule, et par-dessus tout Lui, l'idole, dont il brossait un portrait à la fois complexe et attachant. Fred avait besoin de parler, c'était spontané, hilarant et touchant, j'avais alors pensé que si nous avions enregistré ce débriefing cela aurait fait un livre incroyable. Ce livre incroyable, il vient de l'écrire, tout aussi spontanément, et son récit n'a rien perdu de sa truculence ni de sa justesse. Merci à Jean Le Gall et Jean-Pierre Montal d'avoir immédiatement accepté de le publier, comme ils l'ont fait pour les mémoires de Mickey Baker. C'est d'abord un document précieux sur la musique, la vie en tournée et ses arrière-plans. On y croise des figures épatantes, comme Jacques Rouveyrollis, Bernard Schmitt ou Philippe Rault. Si les protagonistes sont décrits avec une franche subjectivité, c'est peut-être parce que l'auteur n'est pas un requin. L'Helvète n'a pas la neutralité placide, la versatilité froide de ces mercenaires couteaux suisses qui godillent dans les eaux de la variété de grand chemin. Celui que Johnny Hallyday appelait Le Beatles n'est pas « multicasquette ». Il a un style particulier, mélange de subtilité harmonique, d'assise rythmique, d'engagement scénique, d'énergie. Rien d'ordinaire ne sort jamais de ses doigts, pas de poncifs ni de « plans ». Son jeu exceptionnel conjugue fougue et élégance, médiator Jim Dunlop 0,73 mm sur cordes filets plats, la paume de la main droite faisant office d'étouffoir. Son domaine musical ? Celui des petits maîtres de la pop baroque. Il semble vivre dans le film d'animation qui illustrait « Love is All », cette chanson de Roger Glover qui passait autrefois à la télévision à l'approche de Noël.

Propulsé grâce à Yarol Poupaud dans l'écosystème du spectacle à jauge XXL, il aurait pu jouer avec Mick Jones, Tommy Brown et Peter Frampton, ces premières gâchettes qui, avec Jean-Pierre « Rolling » Azoulay, Daniel Boulard, Raymond Donnez, Jean Tosan, puis Chris Spedding, Robin Le Mesurier, Norbert Krief ou Érick Bamy, sont associées aux plus étincelantes prestations du chanteur.

On parle rarement de musique quand on évoque Johnny Hallyday. Politiques, écrivains, figures des médias, les puissants aiment l'aimer. Le blouson et la panoplie de rocker déhoussés du dressing, ils s'encanaillent dans le Carré Or des grands concerts comme à la tribune VIP du PSG ou sur les marchés en période électorale. Sujet de sociologie de salon, évoqué avec condescendance, infantilisé, sans cesse ramené à la dévotion de son public, traité depuis le début comme une bête de cirque, au point de ressembler lui-même à son image déformée, son personnage a fini par dévorer la personne, que la caméra de François Reichenbach (*J'ai tout donné*, en 1972), celle de Jean-Marie Périer et son évocation dans les souvenirs sensibles de ce dernier (dans son livre *Déjà hier*, en 2020) avaient si bien capturé.

« Quelle voix il a, et qui lui permettra de se renouveler. Plus je vis et plus je me persuade qu'un grand succès, quand il dure, se justifie toujours et que le public est infaillible », écrivait déjà François Mauriac, qui s'extasiait en 1962 sur « ses cuisses à ressorts de grande sauterelle ». Chacune des étapes de sa carrière a été associée à nos grands monuments : place de la Nation, Palais des Sports, Parc des Princes, Stade de France, jusqu'à ses funérailles indexées sur celles de Victor Hugo et le cortège final sur les Champs-Élysées (ses successeurs auront droit à un défilé de cyclomoteurs Allo

Sushi). Ce côté *Mythologies* de Barthes, « Johnny c'est la France », et les sympathiques imitations de Fabrice Luchini ou Jean-Pierre Raffarin ont fini par éclipser le répertoire comme l'individu. Ce livre est le plus bel hommage qui puisse lui être rendu, car il fait justice à son humanité, son talent, son amour de la musique et son intelligence.

Bertrand Burgalat

ENTRETIEN D'EMBAUCHE

Je suis sorti de la bouche de métro d'un pas décidé, j'avais un rendez-vous important, un entretien d'embauche pour le poste de bassiste de la prochaine tournée de Johnny Hallyday.

Gilbert Coullier, le patron de Gilbert Coullier Productions, m'attendait en personne : il allait falloir jouer serré et ne pas rater mon coup, moi qui sortais de nulle part…

J'avais débarqué à Paris dix ans plus tôt, à la toute fin des années 1990, et Bertrand Burgalat m'avait mis le pied à l'étrier au sein du « groupe maison » de son label Tricatel, A. S Dragon. Pendant ces premières années, j'avais participé à de nombreuses sessions d'enregistrement pour le label, à des concerts de Tokyo à New York en passant par Moscou ainsi qu'aux mythiques tournées française et allemande de Michel Houellebecq.

Par la suite, j'étais parti sur la route avec Jean-Louis Murat avec qui j'avais noué une solide amitié et enregistré plus de huit albums.

J'avais beau être un musicien confirmé, je ne faisais malgré tout pas partie du sérail, de l'élite ! J'avais bien compris qu'à Paris le milieu des musiciens professionnels répondait à des règles bien particulières et que pour un poste aussi important les places étaient très chères.

Ayant grandi à Genève, bastion calviniste, j'avais ce vilain défaut, très courant par là-bas, de constamment me rabaisser. Tout l'édifice musical reposant sur le bassiste, ma femme m'avait coaché pour que j'aie l'air sûr de moi, que je ne me dénigre pas et, surtout, que j'inspire confiance.

J'attendais à la réception, remonté comme un coucou, prêt à en découdre. Gilbert est arrivé et m'a fait entrer dans son bureau.

Bronzé, la soixantaine, cheveux blancs abondants et bien coupés, une tête à vendre des Mercedes sur la Côte d'Azur… Surtout ne pas réfléchir !

Il a attaqué : « Bonjour, Fred, comme tu le sais, tu es pressenti pour être le bassiste de la prochaine tournée de Johnny mais je ne te connais pas. Alors, avec qui as-tu joué ? »

Ma réponse est sortie du tac au tac : « Avec tout le monde ! »

Moi-même, j'étais surpris, lui aussi… Il a tiré une drôle de gueule. Surtout, ne pas réfléchir ! « Ben, oui, j'ai travaillé pour Astérios, 3C… »

Et j'ai énuméré toutes les boîtes de production parisiennes. Du coup, il m'a interrompu :

« Ha ha, mais tu n'as jamais travaillé pour Gilbert Coullier Productions…

— Oui, c'est vrai, j'ai concédé, et ce sera une première. »

Ensuite, il a embrayé : « Tu sais, Fred, les répétitions se dérouleront aux États-Unis, à part Yarol, il n'y aura que des musiciens américains et… »

Et là, je l'ai interrompu : « Alors là, je t'arrête tout de suite, Gilbert, je suis totalement bilingue. »

S'ensuivit un long silence pesant, à défaut d'une mouche voler, on entendait le ronflement de son ordinateur.

Il m'a dévisagé et j'ai eu le sentiment qu'il avait l'intention de poursuivre l'entretien en anglais. Mais il hésitait. Certainement que, comme la plupart des Français, il avait un fort accent. À ce stade, allait-il se ridiculiser ?

S'il se lançait, j'étais mort… Surtout ne pas réfléchir !

Il s'est alors levé d'un bond et a lâché : « Allez, suis-moi ! Je vais te présenter les gens de mon équipe ! »

On a quitté son bureau. Le lendemain, je faisais jouer mon compte formation AFDAS et m'inscrivais à soixante heures de cours d'anglais intensif en individuel…

RENCONTRE ET TOUR EIFFEL

Comment en étais-je arrivé là ?

J'avais déjà une solide expérience de bassiste au sein d'un groupe de rock suisse, The Needles (trois disques, de nombreux concerts en Suisse, France, Allemagne et même en URSS).

Comme je vous l'ai dit, à peine arrivé à Paris, j'ai participé à l'aventure A. S Dragon. C'est à cette époque que j'ai rencontré Yarol Poupaud, ex-guitariste de FFF, il faisait partie de l'entourage du groupe mais je ne le connaissais pas plus que ça.

Ce n'est qu'en 2008 que nous allions travailler ensemble. Alors que j'étais invité au mariage de Bertrand Burgalat, Philippe Manœuvre me tomba dessus : « Mais oui ! C'est bien sûr ! Le voilà le bassiste du Dharma Project ! » dit-il en me voyant.

C'était le nom du projet qu'il montait avec Yarol. Un groupe de reprises mélangeant les générations. Des musiciens chevronnés, Yarol et moi (nous eûmes différents batteurs, dont Farid de Trust), tenaient la baraque avec, sur le devant de la scène, un jeune chanteur et deux *guitar heroes* du même âge. Nous étions à l'époque de ce que l'on a appelé les « bébés rockers »... Philippe nous a trouvé pas mal de concerts.

Au fil du temps, Yarol et moi avons sympathisé. C'est tout naturellement qu'il me proposa de participer à son nouveau projet, Black Minou, un groupe qui n'avait d'autre ambition que de jouer dans un bar en bas de chez lui, à Pigalle, tous les jeudis soir.

En avril 2011, alors que nous avions déjà pas mal de concerts dans les pattes, nous eûmes l'opportunité d'accompagner Johnny Hallyday en live dans le cadre d'une émission de télévision, *The X Factor*. Il venait de sortir un album produit par M.

À cette époque, Johnny revenait de loin, il avait frôlé la mort à la suite de son opération de la hanche et avait été plongé dans un coma artificiel. À son réveil, il avait perdu sa voix. Après une longue rééducation de deux ans, il l'avait retrouvée. Son disque avec M était celui de la Résurrection.

Ensemble, ils écumaient les plateaux TV pour en faire la promotion. Matthieu Chedid avait proposé à Yarol de se joindre à son groupe pour l'occasion.

C'est alors qu'à quelques jours du tournage de *The X Factor* M déclina l'invitation. Ne cautionnant pas ce type d'émission de téléréalité, il ne souhaitait pas y participer, ni lui ni son équipe. Johnny se retrouvait planté. Yarol mit le pied dans la porte et proposa son propre groupe, Black Minou en l'occurrence.

Je crois savoir qu'il y eut un petit moment de flottement au niveau de la prod. Idéalement, Johnny préférait faire appel à des musiciens de Los Angeles mais en termes de budget, c'était pas la même. Les musiciens de Johnny dormant dans des cinq étoiles et se déplaçant en business class, ça faisait cher le titre ! Finalement, ils firent confiance à Yarol.

Le jour de l'émission, nous nous retrouvions donc à attendre Johnny pour les balances sur le plateau de tournage, à La Plaine Saint-Denis. Nous venions de finir les réglages de son quand il est arrivé avec son staff. Il nous a à peine regardés et s'est installé derrière le micro. Nous avons démarré le titre, « Guitar Hero », issu de son nouvel album.

Il a commencé à chanter sans conviction, je le voyais de dos mais ne l'entendais quasiment pas. Je me souviens de m'être dit : *Ah bon, c'est ça, Johnny ?!* Une fois le titre terminé, il nous a salués et est parti dans sa loge.

J'ai demandé à l'ingénieur du son de me mettre plus de voix dans mon retour, et il m'a répondu :

« OK, mais je la monte pas trop. Là, il n'a pas vraiment chanté, tu sais…

— Non, non, t'as d'la marge. Tu peux y aller, j'entendais presque rien… »

Le soir venu, en direct, à sa première note, mes tympans ont failli exploser. Impossible de rester à ma place, sa voix était tellement forte dans mon retour que j'ai fait un bond et suis allé me réfugier à côté du batteur. Subitement, au grand dam du réalisateur, j'apparaissais dans le cadre juste derrière Johnny et n'en bougeais plus.

Quel coffre ! Il envoyait vraiment du bois ! Notre prestation fut excellente, faut dire que le groupe était vraiment bon et très rodé, à tel point que Johnny décida de nous garder pour toutes les promos qui restaient.

Il y en avait pas mal de prévues jusqu'à la fin de l'année, notamment une en live aux NRJ Music Awards, à Cannes, émission retransmise en direct sur TF1, un gros barnum façon Victoires de la Musique.

Nous sommes partis la veille en jet privé avec Johnny, direction l'aéroport de Nice. Notre passage était prévu le soir suivant et nous devions rentrer à Paris dans la foulée, toujours en jet privé.

L'après-midi était consacré aux réglages de son. Le soir, une fois le travail terminé, alors que Johnny, Yarol et les gars de la maison de disques allaient à un dîner de gala, Johnny me rattrapa par le bras :

« Tu fais quoi, toi, après ?

— Ben, je vais aller manger avec les autres et après on ira boire un verre, je pense… »

Johnny se tourna vers Yarol : « On l'appelle après et on va boire un coup ensemble, t'as bien son numéro ? » Puis il se retourna vers moi : « Il faut que tu trouves un bar sympa où je puisse fumer, on t'appelle après notre dîner. »

De par ma nature timide et émotive, j'étais toujours un peu gêné en sa présence, ne sachant pas quoi dire, me contentant de sourire bêtement, mais, malgré tout, je sentais que le courant passait entre nous. Johnny était un taiseux, pas exactement un chef de meute, souvent en retrait, un regard bleu perçant vous dévisageant subrepticement, à contretemps.

Après cet échange avec lui, je restais comme deux ronds de flan et eus soudainement une sorte d'illumination. J'allais demander conseil au concierge du Martinez, notre hôtel. Il m'indiqua un bar privé où on pouvait fumer et s'occupa même de prévenir l'établissement.

Le soir venu, Johnny et Yarol nous ont rejoints sous les yeux incrédules des habitués. L'endroit était très sombre et, à intervalles réguliers, certains d'entre eux venaient me demander : « C'est le vrai Johnny ? »

Le lendemain, nous avions rendez-vous en début de soirée pour monter les marches du Palais des Festivals sous l'œil des caméras. Nous étions au pied du tapis rouge à attendre notre tour. Derrière les barrières de sécurité, il y avait quelques badauds et de nombreux photographes de presse totalement hystériques.

Nous sommes montés en ligne très lentement, j'étais à une extrémité. Les photographes appelaient Johnny pour attirer son attention. En avançant, je me retrouvais forcément devant leurs objectifs, leur masquant Johnny qui prenait des pauses. Tout le long du parcours, je les entendais me hurler frénétiquement : « Mais putain, pousse-toi, connard ! »

Le soir, l'émission prit beaucoup de retard et nous risquions de rater notre avion, car il n'était plus possible de décoller après 23 heures. En coulisses, ça discutait entre le management et la prod. Nous avons effectué notre passage et sommes sortis de scène à 22 h 40, c'était chaud. Backstage, tout avait été réglé au cordeau. On a traversé les loges en courant, nos guitares à la main. Dehors, un minibus nous attendait, le moteur allumé. Pas le temps d'attacher nos ceintures, on a démarré en trombe, escortés par des gendarmes à moto. Toutes sirènes hurlantes, nous avons traversé Cannes pied au plancher, grillant les feux rouges. Au péage de l'autoroute, nous sommes passés tout droit à fond, la barrière levée devant un policier au garde-à-vous, main sur la tempe. Le chauffeur du minibus n'en revenait pas : onze minutes montre en main entre le Palais des Festivals de Cannes et l'aéroport de Nice ! Record absolu !

À l'aéroport, le pilote, chemise blanche manches courtes, cravate bleu marine, s'est précipité avec l'hôtesse pour prendre nos bagages, charger l'avion et décoller.

Nous avions des Niçois dans le groupe, à l'aller ils nous avaient fait saliver en nous parlant d'un mec dans une caravane ouverte toute la nuit en bord de mer qui faisait les meilleurs pans bagnats du monde. Johnny avait envoyé le personnel navigant nous en acheter un à chacun. Nous les avons mangés en silence.

J'avais encore la bouche pleine quand l'hôtesse m'a demandé si je voulais un taxi à l'arrivée au Bourget. Nous avions le vent dans le dos, le vol n'avait duré que trente-cinq minutes. Au Bourget, un taxi m'attendait. Une quinzaine de minutes plus tard, j'arrivais chez moi sous le regard éberlué de ma femme qui se brossait les dents. La télé était allumée et l'émission même pas terminée.

Les émissions de télé se sont enchaînées et, à la fin de l'année, un concert au premier étage de la tour Eiffel, devant 300 personnes triées sur le volet, était prévu à l'occasion d'une conférence de presse pour annoncer la prochaine tournée.

En mai, nous avions déjà fait un petit concert à RTL en formation réduite, mais la tour Eiffel marquait le grand retour de Johnny sur scène, son premier « vrai » concert depuis ses problèmes de santé. Le show plut beaucoup, Johnny avait la patate et tout le monde fut rassuré.

Pour ce qui était de l'équipe, rien n'était décidé, hormis que Yarol et Philippe Saisse se partageraient la direction musicale. Robin Le Mesurier serait à la guitare et Geoff Dugmore à la batterie.

Me concernant, c'était un peu flou, Yarol m'avait dit que Johnny avait l'intention de me garder mais je sentais bien que ce n'était pas gagné. Philippe Saisse ne voulait que des musiciens américains et, comme je l'ai déjà dit, à ce niveau-là, les places étaient très chères.

L'idée d'avoir deux directeurs artistiques me paraissait un peu bancale. Toujours est-il que dans les jours qui suivirent, Philippe Saisse fut dégagé et Yarol se retrouva seul maître à bord.

Tout ce que Paris compte de directeurs musicaux entra alors en ébullition. À coup sûr, Yarol n'avait pas les épaules, pensaient-ils. En coulisses, ça se battait sec. Mais, finalement, Johnny ne revint pas sur sa décision. Et il décida de me donner ma chance.

Malheureusement, il ne gardait pas Olivier et Daniel, le batteur et le deuxième guitariste de Black Minou. Il avait déjà booké Geoff Dugmore, son batteur écossais, et n'allait pas se passer de son vieux comparse, Robin Le Mesurier, à la guitare.

Juste avant Noël, Yarol m'avertit que Gilbert Coullier allait m'appeler pour convenir d'un rendez-vous afin de (Johnny) valider tout ça…

Mon départ était donc prévu pour six semaines de répétitions à Los Angeles et le premier concert là-bas. C'était génial mais encore loin d'être dans la poche, il était stipulé dans mon contrat que j'avais une période d'essai de quatre jours.

Pour couronner le tout, l'agent des musiciens américains, Philippe Rault, un Français expatrié, poussait de son côté pour faire engager Darryl Jones, le bassiste des Stones.

TROP BEATLES

Au fil du temps, Yarol était devenu très proche de Johnny et sa femme, très copine avec Laeticia. Un jour, alors que nous préparions une promo, il me dit que Johnny avait eu un élan de colère à mon égard. « Il ressemble trop à un Beatles, Fred, et moi, je préfère les Stones ! » Je sentis alors le vent du boulet.

Il est vrai que j'ai toujours eu un look sixties et une coupe de cheveux à la Beatles. Ça vient du fait que gamin, vers 12 ans, j'avais été foudroyé en entendant pour la première fois les Beatles et les Kinks.

Pendant mon adolescence, tout le monde écoutait du prog rock, et moi, n'ayant personne pour me guider dans mes choix, je n'achetais que les disques où je voyais sur la pochette des franges et des pantalons étroits, j'étais sûr de ne pas me tromper !

Ayant la chance de ne pas avoir de problèmes capillaires, j'ai gardé ce look. D'ailleurs, je me suis toujours coupé les cheveux tout seul.

Mais, pour le coup, j'étais mal. Le jour de la répétition, je suis arrivé les cheveux plaqués en arrière avec du gel et vêtu d'un jean, ce qui est très rare pour moi car j'ai toujours eu une aversion pour les jeans.

Lorsque je saluai Johnny, il ne me regarda même pas et ne m'adressa pas la parole de la journée. Ça ne sentait pas bon du tout. Avant qu'il ne s'en aille, j'allai à sa rencontre et lui dis : « Écoute, Johnny, on oublie cette histoire de Beatles. »

Il me fixa longuement, puis un large sourire apparut sur son visage, et il me décrocha une petite droite amicale dans la mâchoire. Amicale mais douloureuse, la vache ! Heureusement, la hache de guerre semblait enterrée et le train repartait sur de bons rails.

Le mois suivant, une assistante de Gilbert Coullier m'appelait pour fixer un rendez-vous avec les costumières de la tournée. À ce niveau-là, rien n'est laissé au hasard. Le look de chaque musicien est minutieusement étudié. Quand je suis arrivé au bureau de production, les costumières m'ont dit que, me concernant, elles avaient un mot d'ordre : me « débeatlesifier » et me faire ressembler au guitariste des Stones : Ron Wood. Il y avait des photos de lui partout. Elles avaient plusieurs tenues à me faire essayer. Elles les ont sorties, et, parmi elles, il y avait une redingote qui m'a tout de suite fait penser à celle des Beatles dans *Sgt. Pepper*, mais en gris. Voulzy en a aussi porté une et également Hendrix. J'ai dit en l'essayant :

« Ah, c'est marrant, ça me fait penser à Jimi Hendrix !

— C'est pas mal du tout ! » ont-elles répondu à l'unisson, en me photographiant, la mine ravie.

Ma femme m'avait demandé de faire doubler les photos avec notre appareil numérique, par curiosité. Au retour dans le métro, lorsque j'allumais mon appareil, je découvris des images de Yarol et des autres musiciens français qui finalement étaient également sur la tournée, tous dans différentes tenues. J'étais reparti avec l'appareil photo de la prod, merde !

Quand je suis sorti du métro, j'avais plusieurs messages de Gilbert sur mon répondeur : « Fred, tu es reparti avec notre appareil et tu nous as laissé le tien. Tu étais le dernier à passer, nous sommes dans les bureaux avec Johnny et le metteur en scène, nous devons valider les tenues aujourd'hui même. Ramène-le au plus vite ! »

J'ai fait demi-tour et l'ai déposé à la réception, imaginant leurs têtes quand ils étaient tombés sur mes photos de vacances.

Finalement, ils ont choisi la tenue redingote et m'ont demandé de me laisser pousser les cheveux dans la nuque. Après trois concerts, les fans m'ont baptisé « le Beatles » et, avec le temps, Johnny aussi a fini par m'appeler comme ça, mais cette fois, affectueusement.

Alors que tout baignait et que la production s'occupait de mon visa pour les répétitions aux States, Gilbert m'appela :

« Dis-moi, Fred, est-ce que tu joues de la contrebasse ? Johnny a l'intention d'avoir une petite séquence unplugged dans le show et il voudrait que tu en joues.

— Ah non. Par contre, j'ai ma basse Gibson rouge qui a un son très proche d'une contrebasse...

— Bon, très bien... » dit-il avant de raccrocher.

J'appelais immédiatement Yarol. Dans un premier temps, il me rassura : « T'inquiète ! Pour la "contre", je trouverais plus classe que tu sois à la basse médiator, façon country », me répondit-il.

Évidemment, quelques jours plus tard, il me téléphona :

« Finalement, ce sera à la contrebasse. Rappelle tout de suite Gilbert pour lui dire que tu en joues !

— Mais je n'sais pas en jouer, j'ai même jamais essayé !

— Mais si, tu en joues ! Tu verras, c'est facile, c'est comme une basse. Rappelle-le ! »

J'ai donc rappelé Gilbert, mais j'ai bien vu qu'il ne me croyait qu'à moitié. Je m'entends encore lui dire : « C'est sûr, pour jouer du jazz pur et dur, j'ai pas le niveau, mais pour faire du rock'n'roll, ça ira très bien ! » À l'autre bout du fil, je le sentais dubitatif.

Cette histoire de contrebasse, ça allait devenir mon épine dans le pied. J'en ai loué une pas loin de chez moi. Pas cher, 50 euros par mois, j'ai dû la garder deux mois et je me suis entraîné quotidiennement.

Pour les répétitions aux States, je devais apprendre près de 80 chansons par cœur. Étant autodidacte et ne connaissant rien au solfège, je fais tout à l'oreille.

Pour les orchestrations, Yarol nous avait dit que nous nous inspirerions à chaque fois des versions originales. Ma méthode de travail est simple : je joue en même temps que le disque et repère les notes sur mon manche, ensuite je m'écris une sorte de partition totalement illisible.

Ça peut paraître étrange mais c'est une méthode qui a fait ses preuves, j'ai la chance d'avoir une bonne oreille et une mémoire qu'on pourrait qualifier de « photographique », même si, en fait, j'ai plutôt l'impression d'avoir des minuscules cerveaux au bout des doigts. Une fois que j'ai joué une chanson, ils impriment le mouvement et se repositionnent tout seuls les fois suivantes…

J'avais bien compris que les shows seraient longs et très physiques. Dans un premier temps, je me suis inscrit dans une salle de sport pour faire de la cardio mais j'ai fini par m'acheter un vélo d'appartement, un David Douillet, tellement l'ambiance était insupportable dans ces salles de sport. Je pédalais donc une heure par jour tout en regardant des conférences sur la physique quantique. Étonné de constater à quel point ce genre de sujet très ardu est beaucoup plus facilement assimilable quand le cerveau est bien oxygéné.

Au bout de deux mois de ce traitement, je connaissais le répertoire sur le bout des doigts et j'étais fin prêt pour les répétitions en Californie.

RÉPÉTITIONS À L.A.

Fin mars, nous avons atterri à Los Angeles. Toute l'équipe était logée dans un hôtel situé à une petite heure de voiture des locaux de répétitions, excepté Yarol, qui habitait chez Johnny. Il était venu avec sa femme et son fils.

Le premier jour des répétitions, Johnny était présent. Nous étions sept musiciens en plus de lui ; il n'y avait ni choristes ni cuivres. Nous nous apprêtions à prendre nos instruments quand Johnny a dit : « Non, non ! Avant toute chose, je veux qu'on fasse une photo. » Nous nous sommes tous approchés de lui et juste avant que le technicien prenne la photo, il a ajouté : « Parce qu'il y en a un de nous qui ne fera pas la tournée. »

Par déduction, c'était chaud pour mes fesses, très chaud.

En tant que directeur musical, Yarol avait une conception bien à lui du job. Primo, ce qui le préoccupait, c'était de louer une Ford Mustang pour ses déplacements et il n'en trouvait pas...

Secundo, pour les chansons, vu qu'on repartait des versions originales, il avait branché son ordinateur à côté de lui sur la sono. On écoutait la chanson et on la rejouait, tout simplement. Faut savoir que jusqu'à présent, quand un gars se retrouvait directeur musical de Johnny, son boulot consistait principalement à remettre au goût du jour ses titres les plus emblématiques. Bien souvent, lors des premières répétitions, les musiciens ne touchaient même pas leurs instruments, se contentant d'écouter les démos des nouvelles versions enregistrées par le chef d'orchestre. Yarol est une sorte de surdoué. Il entend un truc une fois et il le rejoue. Comme il est un peu impatient, il coupait parfois le son avant la fin de la chanson, ratant un pont ou une subtilité importante. Voyant ça, les musiciens ont commencé à flipper sec. En rentrant, le soir, en voiture ils disaient : « Nous sommes sur le *Titanic* ! Le capitaine est fou ! »

Il y en a même un qui a ajouté : « Mais si on coule, moi, j'ai mon petit canot et je me tire ! » Ils étaient perdus : « On n'a même pas de clic ! »

Sans métronome ils étaient totalement déboussolés, les pauvres choux…

Vu la méthode de Yarol, nombreux étaient ceux qui s'attendaient à un coup de théâtre, ça sentait la brebis sacrificielle à plein nez, le retour à Paris prématuré.

Dans le bureau de prod aussi, on jasait, et sous cape on ne donnait pas cher de la peau de Yarol… Étant son pote, par ricochet, je me sentais en danger.

Heureusement, Caroline, sa femme, était comme cul et chemise avec Laeticia et Yarol savait très bien ce qu'il faisait. Avec Johnny, ils étaient raccords : on ne fait pas de rock'n'roll avec des partitions et un clic. Et ce pari allait se révéler gagnant.

Certains dans l'équipe avaient pratiqué Johnny pendant plus de vingt ans. Ils nous avaient raconté qu'avant son coma il ne venait quasiment jamais répéter. Sur deux mois de répétitions, il ne faisait que trois apparitions de deux heures, et basta. Là, il venait tout le temps alors que nous avions besoin de travailler sans lui.

Moi, je stressais un peu, sa petite phrase avant la photo m'avait traumatisé, je savais que j'avais quatre jours d'essai, et puis il y avait aussi la contrebasse, mon talon d'Achille.

Sans compter Philippe Rault, l'agent des musiciens américains (ils étaient quand même 9 sur 14), qui me tournait littéralement autour. Je savais qu'il voulait placer Darryl Jones.

Pour couronner le tout, au deuxième jour, j'entends une voix douce et suave me parler dans les oreillettes, une voix à la Jacques Chancel qui disait, interrompant le morceau que nous étions en train d'interpréter : « Tu es gentil, Fred, là, tu me donnes un si ! »

C'était Alain, le pianiste, une pointure, un gars qui avait joué avec tout le monde.

L'agent des Amerloques, avec sa tête de Michel Simon sur le corps du grand des Charlots, a commencé à tourner comme une toupie mais je ne me suis pas laissé faire, j'ai répondu : « Désolé, Alain, mais sur la version originale, c'est un ré. »

J'étais totalement sûr de mon coup. Il a ergoté et j'ai fini par demander à Yarol de nous passer l'original pour nous départager et, évidemment, j'avais raison.

Le problème, c'est que ce gars a continué à me chier dans les bottes pendant plusieurs jours. Il interrompait une chanson, levait les bras au ciel et lançait son fameux : « Tu es gentil, Fred… » sous les yeux de Johnny. Et moi de rétorquer : « Désolé, Yarol, y a match, on écoute l'original ! » Et j'avais tout le temps raison. À tel point qu'un jour Alain a lancé par dépit : « Bon, moi, j'écoute ça le soir dans ma chambre d'hôtel sur mon ordi et comme j'ai perdu mon casque, j'entends pas les basses. »

Finalement, avec le temps, tout s'est bien terminé avec Alain, j'irai pas jusqu'à dire que c'est devenu mon meilleur pote mais c'est quelqu'un que j'ai fini par beaucoup apprécier, même si, sur le coup, je ne l'ai pas trouvé très Coubertin, loin de là.

Vu le contexte – j'étais encore en période d'essai –, ces petites remarques étaient très déstabilisantes. Un jour, il m'a chopé entre quatre yeux à l'hôtel : « Fred, il faut que je te parle. En fait, le directeur musical, c'est moi ! Personne ne le sait, mais Johnny m'a demandé de chapeauter Yarol, qui est tellement à la rue ! Donc, quand je te dis un truc, tu la fermes. »

Je n'ai évidemment pas tenu compte de cette remarque, c'est longtemps après que j'ai réalisé que c'était peut-être pas complètement faux. On voyait bien que Yarol s'investissait très peu dans les ballades écrites au piano, genre « Je te promets ». On sentait vraiment que c'était une punition pour lui d'en relever la grille et j'imagine bien Johnny manipulant Alain, le gonflant d'orgueil en lui confiant une mission en sous-marin.

Avec les autres musiciens, mes rapports étaient bons mais un peu bizarres. Excepté les Américains, nous étions tous logés dans le même hôtel et passions nos jours off ensemble. Tout le monde savait que j'étais pote avec Yarol, et vu qu'il n'avait pas la cote, je me doutais bien qu'une fois le dos tourné, ça devait jaser. En plus, ils passaient leur temps dans la salle de sport de l'hôtel et allaient même courir super tôt le matin avant les répétitions. Je les voyais partir en trottinant de l'hôtel pendant que je prenais mon petit déjeuner. Moi, mon sport je le faisais pendant les répètes. Avec Yarol, nous jouions debout, à bloc, comme en live, sans calcul, juste parce que c'était trop kiffant d'être là à L.A. avec Johnny. Eux jouaient assis, pétris de courbatures. Un jour, je bougeais tellement que je suis tombé, me prenant les pieds dans une chaise en reculant. Johnny est venu me relever, mort de rire. Le sport, c'est pas forcément bon pour la santé, à haute dose ça peut même être très mauvais !

D'ailleurs, pendant la tournée, ce pauvre Alain s'est cassé la main gauche en faisant des pompes le matin. Véridique ! Il a fait en sorte que Johnny ne soit pas au courant. Pendant les concerts, il ne jouait que de la main droite, la gauche plongée dans une bassine pleine de glaçons. Il ne la sortait que pour le « piano-voix » en clôture du spectacle. Il a dû souffrir le martyre, mais Johnny n'en a jamais rien su.

C'est là qu'on voit que, pour le coup, c'est moi qui avais l'esprit Coubertin. J'en connais d'autres qui, à ma place, ne se seraient pas grattés pour le balancer.

À la fin du troisième jour, au moment d'éteindre les amplis, Johnny a pris sa grosse voix et m'a demandé, prenant tout le monde à témoin :

« Dis-moi, Fred, sais-tu jouer de la contrebasse ?

— Oui, Johnny !

— Décidément, il sait tout faire, ce garçon. On verra bien demain, on répète l'unplugged. »

Le lendemain matin, un livreur apportait une contrebasse de location, très jolie. Une copie de celle de Bill Black avec micro intégré. L'ingénieur du son m'a demandé d'en jouer pour les réglages, je me suis exécuté, sous les regards suspicieux de Johnny et de l'agent des Américains.

J'ai commencé à jouer, et là, c'était un billard. Le manche était tout fin, je n'en revenais pas. Finalement, Yarol avait raison, c'était comme une basse. À part que c'est pas le même diapason, à l'endroit du la sur la basse on est, grosso modo, au sol sur une contre.

J'ai mis de minuscules scotchs pour me repérer. J'avais fait pareil à la maison, sauf que cette contrebasse était très facile à jouer – ou plutôt, celle que j'avais louée à Paris était totalement injouable, ce qui expliquait son petit prix.

En tout cas, on a passé une journée formidable à interpréter plein de titres de rockabilly qui n'étaient même pas prévus au programme. J'avais la banane, et à la fin, Johnny est même venu me dire : « Il faudrait que tu me donnes des cours de contrebasse. »

L'agent des Américains était un peu dégoûté mais il était Coubertin, lui aussi, et nos rapports se sont apaisés. On a même fini par sympathiser, il m'a emmené chez des petits disquaires, seuls connus des initiés, et m'a raconté sa vie, passionnante.

Comme je vous l'ai dit, Johnny était très présent aux répétitions, voire trop. D'après moi, après avoir frôlé la mort, au sortir de son coma artificiel, Laeticia avait fait le ménage dans son entourage et j'imagine que les matins, voyant Yarol partir au volant de sa Ford Mustang, il devait préférer être avec nous que rester chez lui.

J'entends encore Yarol lui dire, les soirs, avant de quitter les locaux de répétitions : « Demain, Johnny, ne viens pas trop tôt ! On a plein de trucs à voir, viens plutôt vers 16 heures. »

Et le lendemain, à 13 heures, alors que le régisseur installait les tables pour le déjeuner, on se rendait compte qu'il était assis dans un coin. Personne ne l'avait vu entrer, il nous regardait en silence.

Un jour, il est arrivé vers 19 heures et nous a expliqué que son GPS était tombé en panne, qu'il avait tourné tout l'après-midi et avait bien cru qu'il allait devoir dormir dans un motel. D'ailleurs, c'est en cherchant un motel qu'il avait retrouvé le chemin.

De mon côté, je n'arrivais toujours pas à briser la glace avec lui, trop intimidé que j'étais. Parfois, seul dans ma chambre d'hôtel, je me faisais des films. Je me disais : *Tiens, il faudrait que je lui dise ci ou ça*, ou *Je devrais engager la conversation comme ci ou comme ça.* Mais une fois que j'étais face à lui, dès que je me lançais, j'étais interrompu, quelqu'un débarquait pour lui dire un truc et je devais ravaler ma salive.

J'étais à la fois admiratif et déprimé de voir avec quelle aisance les autres membres du groupe arrivaient à établir un contact avec lui.

Et puis un jour, pendant les répétitions, il faisait très chaud, nous avions pris une pause. Nous étions tous dehors à Burbank, devant ces énormes hangars dédiés à la musique. J'étais assis sur un muret, les pieds ballants, quand Johnny est venu s'installer à côté de moi. J'ai regardé ses chaussures. Des tennis sans lacets.

À Los Angeles, tout le monde en portait et ça m'intriguait depuis le début. Sans réfléchir, je lui ai demandé : « Mais comment elles tiennent tes chaussures ? » Le cri du cœur ! Il m'a montré qu'il y avait des scratchs sur les côtés. *Quel con ! J'aurais pu y penser tout seul*, me suis-je dit.

Le lendemain, il faisait toujours aussi chaud. J'étais en train de tripatouiller mon ampli quand je l'ai vu arriver au studio. Il portait des bottes en cuir qui montaient quasiment jusqu'aux genoux.

Franchement, il ne manquait plus que le catogan et il était bon pour reprendre un titre de Francis Lalanne. Il a foncé droit sur moi et posé son pied sur une chaise : « Tu as vu mes boots, Fred ? »

Interloqué, j'ai dit :

« Oui, Johnny, elles sont drôlement belles !

— Non, mais regarde, il y a des lacets, tu vois !

— Ah oui, effectivement…

— Mais regarde sur le côté, il y a aussi une fermeture éclair !

— Ah oui, c'est génial ça ! j'ai répondu.

— Je les ai achetées chez Boot Star, tu sais, tu roules sur Sunset Boulevard, tu tournes à gauche, puis à droite… »

J'étais complètement perdu mais je disais :

« Oui, oui, d'accord.

— Tu devrais y aller un jour », a-t-il conclu.

J'y repensai le soir dans ma chambre d'hôtel et je n'en revenais pas, il avait passé tout l'après-midi avec ses bottes en cuir, sous une chaleur intenable, juste pour me les montrer.

Le plus dingue, c'est qu'un samedi, un jour off, on était en voiture avec Greg, l'harmoniciste, Fred Scamps, l'organiste du groupe, et Alain, on s'est arrêtés à un feu rouge, et là, j'ai vu écrit en gros : Boot Star. Ça alors, le magasin de Johnny !

On s'est garés dans le parking, c'était un petit magasin rempli de bottes hors de prix. Même en y mettant mon salaire mensuel, j'aurais été bien incapable de m'en payer une paire. On a discuté avec le patron et on lui a parlé de Johnny : « Ah oui, il vient souvent ici. Il me prend quatre paires à chaque visite. »

Il nous a raconté avoir été longtemps très intrigué par cet oiseau. On lui avait dit qu'en France c'était une immense star mais quand il googlisait le nom relevé sur sa carte bancaire, Jean-Philippe Smet, il ne trouvait rien.

PAUL McCARTNEY & BRIAN WILSON

Par une belle après-midi, alors que nous prenions une pause pendant les répétitions, de gros camions sont venus apporter du matos dans un des locaux de ces énormes entrepôts de Burbank. Des camions relookés façon camions de pompiers anglais transportant le matériel de Paul McCartney. Il allait répéter quelques jours à deux pas de notre local.

Le jour même, deux de ses musiciens, Abe Laboriel et Rusty Anderson, sont passés dire bonjour à Johnny et aux techniciens. En 1998, ils l'avaient accompagné, notamment au Stade de France.

Ils avaient l'air très sympas, comme tous les Américains du show-biz, vous me direz. Ils nous ont laissé entendre que Paul avait l'intention de passer faire un petit coucou pendant son séjour.

Les jours suivants, je guettais sans arrêt la porte d'entrée, me disant que Paul McCartney allait peut-être arriver et nous entendre répéter. Son jeu m'avait tellement inspiré. D'autant que, avec la grande liberté que nous laissait Yarol, j'avais adapté toutes les lignes de basse à ma façon, personne ne me disait rien (même Alain avait fini par se calmer).

Pendant les pauses, je m'approchais du local de McCartney et l'écoutais interpréter des titres des Beatles et de Wings avec son groupe. Une fois, je me suis trop avancé : deux voitures sont sorties du parking et se sont mises en travers de mon chemin, c'était des gardes du corps ! Il y a quand même eu un Beatles assassiné et un autre sauvagement agressé au couteau chez lui... J'ai compris jusqu'où je pouvais aller et passais mes pauses à écouter leurs répétitions.

Un jour, la musique s'est arrêtée, il y a eu un petit attroupement dehors, à l'entrée de leur local. J'ai plissé les yeux (je suis myope mais je n'ai jamais porté de lunettes) et scruté au loin dans leur direction. Il m'a bien semblé voir Paul et ses musiciens me regarder.

Au bout de leur cinquième et dernier jour de répétitions, toujours pas de visite. Certains dans l'équipe avaient acheté des disques et des feutres, ils attendaient, comme moi. De mon côté, rien de tout ça, ça ne m'avait même pas traversé l'esprit de demander une dédicace. J'étais juste attiré comme par un aimant.

Nous étions en fin de journée, on a pris une pause, se disant qu'on avait fait un beau rêve et qu'il ne passerait plus. Une fois la pause terminée, nous avons repris nos instruments et attendu Johnny. Il devait certainement être aux toilettes, et nous attendions encore, mais toujours pas de Johnny…

Un technicien finit par nous lâcher : « Johnny, il est parti voir McCartney depuis dix bonnes minutes, Abe et Rusty sont venus le chercher. »

On était tous dégoûtés. Avec Yarol, on s'est regardés et, sans avoir besoin de se dire quoi que ce soit, on a posé nos guitares et on est partis en courant, direction le local de répètes de Paul.

On marchait d'un pas décidé quand, au loin, on a vu un petit rassemblement, Johnny était en train de discuter avec Paul et ses musiciens devant l'entrée. Les deux voitures se sont mises en travers de notre chemin mais, magnanime, Paul leur a fait signe de nous laisser passer. Tel Moïse traversant la mer Rouge, nous les avons rejoints. Johnny a dit à Paul en nous désignant : « *These are my gents.* » Et nous lui avons serré la main.

Alléluia ! J'ai eu l'impression de me retrouver devant saint Pierre, scanné jusqu'au trognon : suis-je un homme bon ? Suis-je une merde ? L'heure du bilan !

J'ai bredouillé un : « *Nice to meet you* » et Paul m'a fait un petit signe qui voulait dire : « Ferme-la ! » Il a repris sa discussion avec Johnny, et nous, on était témoins. Incroyable quand même d'être en présence de ces deux pionniers. La conversation a pris fin et nous sommes retournés dans notre local. Autant vous dire que je ne touchais plus terre.

Quelques jours plus tard, pendant une pause, j'étais encore sur mon petit nuage, les pieds ballants, quand une voiture s'est arrêtée pile-poil devant moi. La conductrice, une femme très élégante, la cinquantaine, est descendue, a fait le tour de la voiture et a ouvert la portière côté passager.

En sortit un type assez âgé, il avait l'air un peu frapadingue et marchait avec difficulté... Putain, Brian Wilson !!!

Juste à côté de notre local s'installaient les Beach Boys. Ils préparaient leur jubilé, nous étions en 2012, ils étaient là au grand complet, excepté les décédés, évidemment.

Accompagnés par les Wondermints, des gars de ma génération qui avaient extrêmement bon goût, des amoureux du vieux matos. Très gentils. Nous avons vite sympathisé et ils m'ont invité à assister aux répétitions. C'était dingue, ils étaient dans la décalcomanie intégrale des versions studio originales. Carl, à mon avis le meilleur chanteur, bien que décédé, était présent sur un écran géant. Sur « God Only Knows », ils avaient isolé sa voix de la version studio et rejouaient toutes les parties à l'identique en live. Très troublant !

Philippe Rault réussit à entrer également. Je le vis pénétrer dans le local, très ému. Il venait se faire dédicacer une photo de lui prise avec le groupe en 1964, lors de leur venue dans le nord de la France. Il était comme un gosse.

Comme à mon habitude, je n'ai pris ni photo ni autographe – plusieurs de mes potes me disent que je suis complètement taré. Al Jardine, Mike Love et Bruce Johnston sont même venus assister, très enthousiastes, à nos répétitions. J'étais tellement heureux de jouer pour eux !

Avant de partir de Paris, la production avait réalisé un moulage de nos oreilles afin de nous fabriquer des oreillettes, ears monitor, mais tout le monde disait « ears ». On en avait tous, techniciens compris. Quand nous ne jouions pas, elles pendouillaient autour de nos cous. Parfois, pendant les repas, j'avais de la peine à soutenir une conversation, dégoûté que j'étais par le cérumen aggloméré aux ears de mon interlocuteur.

Les miennes n'ont jamais fonctionné. À cause d'un problème lors du moulage, elles n'étaient pas étanches. Le temps de reprendre mes empreintes et de m'en fabriquer de nouvelles, je ne les ai reçues qu'en fin de tournée.

C'est dingue, quand j'y repense, j'ai fait tous ces concerts, Stade de France compris, avec les écouteurs à 10 balles qu'on passait aux visiteurs venus nous écouter en répétitions.

Environ deux semaines après le début de nos répétitions, sont arrivés les musiciens américains : la section de cuivre, les Vine Street Horns, quatre gars emmenés par le trompettiste Harry Kim, et trois choristes très sympas, très pros. Ils ont vite compris l'état d'esprit de Yarol et se sont très bien adaptés.

Les cuivres ne se séparaient jamais, on les entendait dans leur loge répéter inlassablement leurs phrasés. C'est marrant, ces Ricains, ils sont hyper sympas, mais c'est quasi impossible de briser la glace. Je me souviens d'avoir raconté une blague aux choristes. Après la chute, elles m'ont dévisagé d'un air consterné, puis l'une d'elles a dit, prenant une voix très grave : « *That's so funny !* »

Ils arrivaient tous au volant de super bagnoles. Ils n'avaient pas de système d'intermittents du spectacle, mais avaient l'air de se débrouiller bien mieux que nous. Les jours off, ils allaient dans le restaurant le plus proche de l'hôtel et dépensaient le moins possible. Au niveau des défraiements journaliers, ils nous battaient haut la main : 60 euros par repas par jour, nous, c'était 17 ! Efficace, ce Philippe Rault !

Un jour, les musiciens n'ayant pas été payés en temps et en heure, Philippe avait immédiatement appelé la prod : « Si je comprends bien, vous cassez le contrat ? » Ils ont reçu leur paiement le jour même, un dimanche. Je me demande encore comment ça a pu être possible.

Pour les Ricains, la musique, c'était vraiment un boulot, après le show, ils allaient directement se coucher. Nous, on sortait, au minimum boire un verre à la réception de l'hôtel. Eux, cou-couche panier !

Un soir, après un concert dans le sud de la France, on a réussi à dévergonder un des gars des Vine Street Horns pour une virée nocturne, mais attention, il a employé des ruses de Sioux et laissé croire aux autres qu'il allait se coucher pour nous retrouver en cachette.

On est rentrés vers 4 heures et quelques du mat, bien éméchés. Il avait sa chambre juste à côté de la mienne, les murs étaient tout fins, du papier à cigarette.

Une fois dans nos chambres respectives, je l'ai entendu se brosser les dents et appeler sa petite famille par Skype. Avec le décalage horaire, ça devait être l'heure du dîner pour eux. Je percevais un vague brouhaha de conversation quand soudain je l'ai entendu hurler et répéter plusieurs fois de suite : « *No ! I'm not drunk !* »

GARDEN-PARTY

Au bout de trois ou quatre semaines de répétitions, Johnny nous a invités à une garden-party chez lui, dans le quartier de Pacific Palisades.

Il y avait tous les musiciens, Philippe Rault, et des amis à lui, principalement des Français expatriés. Je ne me rappelle plus exactement qui, je me souviens juste de Mathieu Kassovitz. Le rendez-vous était à 15 heures chez lui.

Comme un vrai plouc que je suis, quand on me dit 15 heures, je viens à 15 heures, et pas les mains vides. La veille, je suis allé faire le tour des disquaires et, sachant que Johnny adorait Little

Richards, je lui ai acheté un vinyle de 1967, *The Explosive Little Richards.* Et j'ai tanné mon pote Fred Scamps pour que nous arrivions à l'heure. C'est lui qui conduisait. Il n'était pas chaud pour arriver trop tôt mais il a fini par céder.

Nous nous sommes garés dans la rue de Johnny. Alors que nous prenions je ne sais plus quoi dans le coffre, un photographe muni d'un gros téléobjectif est sorti de derrière les fourrés, à une cinquantaine de mètres, et nous a mitraillés. On se serait crus dans un nanar français des années 1970, avec Francis Perrin ou Bernard Menez.

Nous sommes entrés chez Johnny parmi les tout premiers. La maison était très jolie, avec une belle piscine devant, mais le terrain n'était pas aussi grand que je l'avais imaginé. Dans mon esprit, richesse rimait avec grands espaces façon château de Moulinsart. Nous étions dans le coin peut-être le plus cher de L.A. mais on aurait dit des pavillons de banlieue alignés, sauf que le voisin juste à côté de chez vous est une super star internationale. J'ai pensé que vivre dans ce quartier devait être hors de prix. Peut-être que Johnny ramait pour maintenir ce train de vie. Un peu comme moi dans mon immeuble… Nous venions d'emménager dans un appartement de 73 mètres carrés près de la mairie du 18e dans un immeuble haussmannien, et le loyer me paraissait exorbitant. Finalement, nous avions peut-être le même genre de soucis avec Johnny, c'était juste pas le même nombre de zéros, ni les mêmes voisins.

À une extrémité du jardin, il y avait une caravane à hot dogs et à l'autre bout, une à cocktails. Il faisait un temps magnifique et je m'étais habillé tout en noir avec une chemise à jabot.

Laeticia nous a accueillis et nous a emmenés à l'intérieur pour saluer Johnny. La maison était dans le style Nouvelle-Orléans avec une grande terrasse. Johnny nous a dit qu'il en avait dessiné lui-même les plans.

Je l'ai remercié pour l'invitation et lui ai donné mon disque emballé dans du papier cadeau. En lui tendant, j'ai compris que c'était une connerie. À la manière qu'il a eue de le prendre, j'ai senti que c'était pas le genre de gars qui aime qu'on lui offre quelque chose, mon père était comme ça.

Vu le format, il a tout de suite pigé qu'il s'agissait d'un vinyle. « Un disque ! a-t-il dit en me l'arrachant des mains. Un disque ! Il m'offre un disque !

Il croit quoi ? Que je l'ai attendu pour avoir des disques ? »

J'ai senti une petite goutte de sueur partir de l'extrémité de ma nuque et arriver directement dans mes chaussettes. Suis-je bête ! Étant fan de Little Richards, il devait posséder ce disque depuis une bonne quarantaine d'années !

Énorme coup de chance, il ne le connaissait pas. Yarol a dit :

« Ah bon, tu connais pas cet album ?! Il est top, il fait des reprises de soul music dedans.

— Ah ouais, putain, il y a même "Money" dessus ! » a ajouté Johnny, le nez dans la pochette.

Pour me remettre de mes émotions, j'ai foncé à la baraque à cocktails. « Une margarita ! » j'ai dit et j'ai ajouté « s'il vous plaît ! » parce que je ne suis pas un porc.

J'ai commencé à picoler, multipliant les allers-retours entre le stand hot dogs et celui des margaritas. J'ai une qualité, je tiens très bien l'alcool.

Les invités continuaient d'arriver, au bout d'un moment le jardin était plein, un peu comme moi et comme Johnny... Je l'entendais deviser avec les musiciens américains, il leur disait en anglais : « Moi, j'adore le cul de ma femme, elle a vraiment un beau cul ! » *She's got a beautiful ass*, littéralement.

Un peu plus tard, je m'apprêtais à gravir les escaliers de la terrasse, probablement pour aller aux toilettes, quand Johnny a fendu la foule et s'est précipité sur moi, le pied en avant, à hauteur de visage, en poussant une sorte de hurlement.

Bizarrement, peut-être grâce aux effets de l'alcool, je n'ai pas du tout été impressionné. Je me suis même approché de lui dans une attitude de défi. Les gens autour avaient l'air consternés, et puis soudain il m'a pris dans ses bras et m'a dit : « Faut que tu reviennes une autre fois et on fera venir des putes. »

Après cette journée, nos rapports ont un peu changé. De mon côté, je continuais à me battre avec ma timidité mais lui, dès qu'on se retrouvait, en guise de salutations, il ne pouvait pas s'empêcher de m'enchaîner des petites séries d'uppercuts plus ou moins amortis.

CONCERT À L.A.

Un « petit » concert était prévu à Los Angeles dans une salle de 1 200 places. Pour le gros barnum, il allait falloir attendre le premier concert officiel de la tournée à Montpellier ; ça s'annonçait grandiose, Johnny était censé arriver dans une boule de démolition géante au milieu d'un décor apocalyptique bourré d'effets spéciaux…

Le dernier jour des répétitions, Rico, le technicien basse et batterie, m'a bien sauvé la mise.

Pour les spectacles avec Johnny, il y avait un mec qui s'occupait exclusivement de mon matériel.

Je me souviens de notre première rencontre à l'époque des répétitions pour le concert de la tour Eiffel. J'étais arrivé avec mes étuis de basse et il m'avait demandé : « Alors, qu'est-ce que tu m'amènes de beau ? » J'étais un peu gêné, j'avais ma Squier made in Japan, imitation Fender Précision, et ma Gibson EB0 de 1965, un des modèles les plus cheap de chez Gibson, ce n'était pas vraiment des pièces de collection… Rico était un mec cool, il n'a pas tordu la gueule.

Je n'ai jamais accordé trop d'importance aux guitares, ce qui compte ce n'est pas tellement l'instrument, c'est plutôt ce que vous en faites, et puis pour la basse vous avez vraiment le son dans les doigts, encore plus que sur une guitare.

J'ai toujours été très content de ma Squier, elle est « tout-terrain ». Je l'ai utilisée pour tous les enregistrements de la période Tricatel et sur les albums de Jean-Louis Murat. À l'époque de Jean-Louis, j'avais fait l'acquisition d'une Gibson qui avait un son très différent et complémentaire, elle était très agréable à jouer. Poussé par une sorte d'intuition, la veille de ce premier concert à L.A., Rico est allé voir dans le ventre de ma Squier alors qu'elle marchait très bien. Il l'a totalement démontée et a découvert que la pièce métallique qui fait contact avec le jack ne tenait plus que par un fil. Même si ça faisait partie de son boulot de vérifier ce genre de chose, je lui dois une fière chandelle. Il a changé la pièce, vu son état elle aurait pu lâcher en plein concert, ce qui m'aurait mis dans une situation très désagréable pour une première date.

Rico était top. En fin de tournée, il a été remplacé par un technicien passionné de photo. Sur le bord de scène, il n'arrêtait pas de me mitrailler pendant que, totalement en nage et déshydraté, je me tuais à essayer de lui faire comprendre qu'il avait oublié de me déposer une serviette-éponge et une bouteille d'eau au pied de mon micro.

Le soir de cette première date, le rideau s'est levé et nous avons attaqué avec « Allumer le feu ». Je me souviens d'avoir entendu ma voix chevroter comme jamais sur les cœurs du refrain, je me suis dit : *Waouh, je suis sur scène avec Johnny Hallyday à L.A. !*

On a déroulé le concert. J'étais à côté de mon pote Yarol et on a fait comme on a toujours fait, c'est-à-dire se démener comme de beaux diables.

Johnny semblait apprécier, il n'arrêtait pas de reculer pour s'approcher de nous. À un moment, alors qu'avec Yarol nous nous déchaînions en bord de scène face au premier rang, je me suis retourné et j'ai croisé son regard noir. J'ai reculé et suis retourné à ma place à côté de mon ampli, je n'en ai plus bougé jusqu'à la fin du concert.

Backstage, il y avait une bonne ambiance et les autres musiciens étaient soulagés. Tout le monde avait l'air content, excepté quelques techniciens. « Yarol est passé devant Johnny pendant le show, jamais personne n'a osé faire ça au boss ! » disaient-ils, outrés.

Franchement, j'ai pensé qu'ils exagéraient, et au sortir de scène, Johnny avait l'air très heureux. Il n'avait aucune animosité envers Yarol, mais il y avait quand même eu ce regard noir qui m'inquiétait.

Nous sommes tous allés à l'after-show dans une grande salle bourrée de people. Il y avait, entre autres, Vanessa Paradis et Robert Trujillo, le bassiste de Metallica. Je n'ai jamais été très fan de Metallica, je les avais même surnommés « Mets ta liquette ! ».

Je ne sais plus comment mais je me suis retrouvé en photo avec lui. Quelqu'un a dû prendre mon téléphone et nous a photographiés, je ne sais plus qui. Résultat des courses : lui était impeccable, le pouce levé, un sourire de trois quarts, parfaitement coiffé. Moi, j'avais les yeux rouges, à moitié fermés, et les cheveux tout ébouriffés. Vraiment une sale gueule, photo totalement inutilisable sur les réseaux sociaux.

Tard, le soir, avec les autres musiciens, nous avons pris un dernier verre à l'hôtel et débriefé. C'est marrant, nous avions tous pris une photo avec Trujillo et c'était carrément flippant : il avait exactement la même tronche sur toutes les photos. Le même sourire, la même attitude. On aurait dit une statue de cire. C'est ça, les Ricains, rien n'est laissé au hasard.

Un proche de Johnny s'est alors dirigé vers Greg et moi, il est venu nous rapporter les propos qu'il avait tenus dans les loges après le show. Il aurait dit : « Ce soir, il y avait un harmoniciste et un bassiste sur scène ! » Et ce type a ajouté, en se penchant vers moi : « Johnny aime beaucoup quand tu vas sur le devant de la scène. »

MONTPELLIER

Notre hôtel était situé à quelques minutes à pied de la salle de spectacle où nous allions débuter notre résidence : six jours de répétitions pour régler le spectacle, l'installation des lumières, les effets spéciaux et la fameuse boule de démolition dans laquelle Johnny allait apparaître sur scène, avant d'enchaîner les quatre premiers concerts de la tournée dans cette Arena de Montpellier.

Dès les répétitions, des fans se sont amassés devant notre hôtel. On reconnaît l'arbre à ses fruits et la star à ses fans. Ceux de Johnny étaient très respectueux, des gens simples et touchants. Ils restaient des journées entières derrière une barrière de sécurité dans l'espoir de l'apercevoir.

Lorsque nous passions devant eux, ils chuchotaient, quelques-uns nous abordaient timidement pour demander des infos ou simplement faire une photo. Je suis allé discuter avec eux, certains avaient posé des congés sans solde pour suivre plusieurs spectacles d'affilée, d'autres avaient planté leurs tentes devant la salle. Il y avait beaucoup d'amour dans tout ça.

Derrière les apparences, quelque chose de très profond les reliait à Johnny, quelque chose qui les dépassait et qui dépassait également Johnny. On l'a bien vu le jour de ses obsèques, nombreux sont ceux qui ont été surpris par cette foule silencieuse, respectueuse et pleine d'amour. C'était les graines qu'il avait semées.

Je me suis vite rendu compte que dans ses chansons le mot « amour » était prononcé un nombre incalculable de fois. Sans être croyant et n'ayant quasiment jamais assisté à une messe, je percevais quelque chose de très christique dans ses concerts. Johnny, une sorte d'Apollon souffrant sur scène…

Bernard Schmitt, le metteur en scène historique de Johnny (plus de vingt ans de service), concevait son spectacle de manière très intelligente. Il m'avait confié mettre la quasi-totalité du budget dans deux postes clés.

L'entrée en scène dans la boule de démolition, et le milieu du spectacle où de gigantesques avant-bras apparaissaient en arrière-plan, formant une croix pendant « Gabrielle ». Quand tout un stade exécute ce même geste en chantant « Mourir d'amour enchaîné », ça dépote !

Dans le show il y avait plusieurs moments très chargés symboliquement. Par exemple sur « Que je t'aime », le plateau s'éteignait et le public entrait dans la lumière pour chanter le refrain. Ou quand la ferveur s'emparait des fans aux premiers accords de « Marie ». Et vers la fin du concert, sur « Quelque chose de Tennessee », quand Johnny quittait la scène et allait, tel le Messie, serrer les mains des apôtres au premier rang.

On aurait dit une grand-messe. Assez rapidement, j'ai eu l'impression de faire du rock chrétien. Je ne suis pas certain que Johnny ou Robin, son pote guitariste, s'en rendaient compte avec leurs bagues à tête de mort.

Les répétitions ont donc commencé, on ressentait une très forte pression. À Paris, les bruits de couloir s'étaient multipliés et intensifiés pendant notre séjour aux States. Yarol n'était toujours pas en odeur de sainteté et plusieurs Zorro espéraient encore être appelés à la dernière minute pour sauver le show.

Gilbert Coullier avait de la peine à remplir les stades. Le public, échaudé, attendait de voir si Johnny avait vraiment récupéré de ses problèmes de santé.

Olivier Lude, l'ingénieur du son façade, qui avait enregistré le disque avec M, était dans le même bateau que Yarol et moi. L'Arena de Montpellier était réputée pour avoir une des pires acoustiques de France, lui aussi était attendu au tournant.

Pour ajouter un coup de pression, Yvan « Berlioz » Cassar était venu mettre son grain de sel. Autant dire tout de suite que je n'étais pas dans ses petits papiers… et n'y suis toujours pas.

Il s'est montré très directif sur scène, n'hésitant pas à nous donner ses instructions. À la base, il était là pour s'occuper des orchestrations de la partie symphonique, trois titres que Johnny interprétait seul avec un orchestre.

Il avait également composé la musique d'ouverture sur laquelle Johnny débarquait dans sa boule de démolition. Au début du show, dans un décor apocalyptique, on entendait des bruits de détonations et de sirènes, des hélicoptères tournoyaient dans un ciel en feu, puis démarrait une musique angoissante et la bouboule arrivait, Johnny suspendu à l'intérieur à une dizaine de mètres du sol. Soudain, un roulement de batterie. Installé sur un rail coulissant, Geoff, le batteur, apparaissait sur scène ainsi que le reste des musiciens, et nous attaquions « Allumer le feu ».

Pendant ces six jours de résidence, ma principale activité était d'éviter de tomber sur Berlioz. Il a fini par me coincer dans un ascenseur la veille du show et m'a demandé de changer mes cordes filets plats pour des cordes standards. Je ne vais pas entrer dans les détails, mais dites-vous bien que ça équivalait à me demander de me faire harakiri. La mort dans l'âme, le lendemain, j'ai dû me résoudre à faire un essai aux balances et, Dieu soit loué, Yarol a mis son veto. Il ne reconnaissait pas mon son.

Ce jour-là, la pression était à son comble et Harry, le leader des Vine Street Horns, était survolté. J'avais déjà remarqué que c'était peut-être le moins doué de la bande. Sans relâche, il faisait répéter les autres membres de la section, les soumettant à des cadences infernales. Il courait dans tous les sens sur le plateau en donnant des indications scéniques aux autres, et ce qui devait arriver arriva.

Les mecs des lights firent subitement un « noir salle » et Harry disparut dans la fosse. Résultat : une ou deux côtes fêlées… On ne saura jamais exactement combien, Harry refusa de voir un médecin et se soigna par ses propres moyens. C'est aussi ça, les Ricains ! C'eut pour effet de considérablement le calmer, et les autres purent enfin souffler un peu.

Je crois bien vous l'avoir dit : je suis myope. Une myopie légère mais myopie quand même. Disons que je vois tout à travers un flou hamiltonien, ce qui ne me dérange pas. À mes 16 ans, on m'a fait des lunettes que je n'ai jamais portées.

À l'époque du début des répétitions à Los Angeles, quand les musiciens s'étaient rendu compte que nous jouerions sans clic, Geoff avait dit : « S'il n'y a pas de clic, je serai obligé de faire un décompte avec mes baguettes mais personne ne les verra, la scène est tellement grande. » J'avais pensé : *A fortiori moi !*

Depuis les États-Unis, j'avais pris rendez-vous avec un ophtalmologue à Paris pour me faire des lentilles de contact. Étant jeune, j'avais lu un bouquin qui expliquait que si on ne portait jamais de lunettes, lorsque viendrait la presbytie, vers la quarantaine, la myopie se corrigerait d'elle-même et la presbytie ne se ferait pas ressentir.

J'ai exposé cette théorie à l'ophtalmo, un type en fin de carrière, pendant qu'il m'auscultait en silence. Du bout des lèvres, il l'a validée et, pendant qu'il me tendait un stylo pour remplir le chèque de la consultation, il m'a annoncé que j'étais totalement presbyte.

Arrivé à Montpellier, je venais tout juste de recevoir mes lentilles, je les ai mises et, horreur, je voyais hyper bien de loin et plus rien de près. C'était très pratique pour repérer Berlioz mais lorsque mon téléphone sonnait, j'étais incapable de voir qui m'appelait et je ne voyais même plus mon manche de basse. Elles ont vite terminé au fond des WC.

J'avais hâte que ce premier concert soit passé. L'avant-veille de la première, j'étais seul au bar de l'hôtel quand j'ai vu arriver Johnny et son staff. Il m'a demandé : « Qu'est-ce que tu bois ? » J'étais en train de siroter un whisky. « Un double, s'il vous plaît ! » dit-il au barman.

Cool ! je me suis dit. *On va passer un petit moment ensemble.* On a évoqué Genève qu'il connaissait bien, il y avait même vécu un peu avant de découvrir le rock'n'roll, m'a-t-il dit avant de vider son verre d'un trait et de s'engouffrer dans l'ascenseur. Je n'avais même pas eu le temps de boire une gorgée du mien.

Plus tard, Bernard Schmitt m'a raconté qu'après avoir vu Johnny vider ses verres cul sec pendant plus de vingt ans, il lui avait demandé pourquoi. L'autre avait longuement réfléchi avant de répondre : « Parce que j'aime pas l'alcool ! »

Le premier concert est enfin arrivé. Le soir, j'ai découvert les tenues de mes camarades, je ne m'en sortais pas si mal. J'échappais aux têtes de mort et aux ceintures cloutées.

Une heure avant le show, Geoff a sorti son ordinateur et diffusé une playlist très rock'n'roll. C'était une excellente idée, ça nous mettait bien dans le groove. Tout le temps où j'ai joué avec Johnny, Geoff a toujours imposé le même rituel.

La même playlist, les mêmes rendez-vous qu'à certains moments il accompagnait de roulements de baguettes, toujours au même endroit. Je ne m'en suis jamais lassé.

Ce jour-là, nous avons également fait la connaissance du garde du corps attitré de Johnny, Patrick, un colosse à la tête rasée, qui prenait un malin plaisir à vous broyer la main quand il vous saluait.

La disposition sur scène faisait que j'étais juste à côté de Johnny, et il ne perdait pas une miette de tout ce qui se passait autour de lui, toujours aux aguets. Pendant le concert, en plein milieu d'une chanson, « Deux étrangers », il est tombé subitement par terre. Plus tard, Geoff nous a avoué qu'il s'était alors vu à l'aéroport en train d'attendre son avion de retour pour Londres, son sac de cymbales sous le bras.

Mais Johnny a continué à chanter tout en mimant l'acte de fornication au sol. Il est resté comme ça un long moment, à faire du « air fucking », puis s'est relevé. Le coquin, il avait prévu son coup sans prévenir personne.

À la fin du concert, en guise de rappel, il interprétait un titre piano-voix. À ce moment-là, je suis resté en bord de scène, et les autres musiciens sont tous remontés dans les loges. *Ils sont fous !* me suis-je dit. *Et si Johnny veut rejouer quelque chose avec le groupe ?* J'avais l'habitude des petites salles avec des rappels à n'en plus finir.

Une fois le piano-voix terminé, il a pris l'ascenseur backstage et est illico remonté dans sa loge. À mon tour, je suis allé attendre l'ascenseur. Plein d'invités sont arrivés et se sont agglutinés devant la porte, j'ai eu toutes les peines du monde à monter. Dans cet ascenseur bondé, personne ne m'a adressé la parole ni même reconnu.

Après le concert, il y avait un restaurant de prévu. J'y étais convié. Ça allait être une constante de la tournée. La plupart du temps, Johnny rentrait chez lui, à Paris, en jet privé, car il n'aimait pas dormir à l'hôtel. Il n'y allait que quand il ne pouvait pas faire autrement. Quand il restait en ville, le spectacle terminé, il y avait très souvent un dîner prévu dans un restaurant ouvert la nuit.

Une fois installé, j'ai commencé à m'emmerder sec. J'étais en bout de table ; autour de moi, des notables très friqués qui avaient dû grave jouer des coudes pour se retrouver là. C'était pas fun et je n'avais qu'une envie, me tirer.

Johnny aussi avait l'air éteint, il était assis en milieu de table face à Joey Starr.

J'ai fini mon assiette et pris ma veste, l'hôtel était à peine à 300 mètres et j'avais envie de prendre l'air, enfin seul.

Mais le régisseur m'a rattrapé :

« Tu vas où ?

— Ben, je rentre…

— Non, non, tu rentres avec nous, nous y allons aussi ! »

Et je me suis retrouvé dans une grosse bagnole, qui a démarré en trombe à 4 heures du matin dans un Montpellier désert, avec Johnny et Yarol, nous faufilant toutes sirènes hurlantes dans des petites rues bourrées de sens interdits.

JOHNNY 2012

Johnny 2012, c'était le nom de cette tournée qui démarrait sur les chapeaux de roues et qui allait monter crescendo. Après les quatre concerts de Montpellier et un Zénith à Nancy, nous attaquions les stades, en commençant par celui de ma ville, Genève. Dans la foulée, à la mi-juin, pour l'anniversaire de Johnny, nous avions trois concerts de prévus au Stade de France.

Cette tournée des stades allait durer jusqu'en août, pour repartir en automne dans des Zénith. Elle mobilisait plus de 300 personnes, si on comptait la main-d'œuvre pour installer et démonter la scène. Ça représentait un nombre impressionnant de camions sur la route. Johnny, lui, se déplaçait principalement en jet privé et nous, en train.

J'ai vite compris que, dans l'organigramme, le coiffeur et le maquilleur étaient au sommet de la pyramide, ils étaient dans le jet, c'était un marqueur, il n'y a que huit places dans ce genre d'avion. Nombreux étaient ceux qui rêvaient d'y monter. Dans le bureau de prod, on ne parlait que de ça : « À quelle heure décolle l'avion ? » Se retrouver dans l'oiseau de métal était vécu comme une sorte de consécration.

Bien souvent, les musiciens qui avaient eu l'honneur d'embarquer ne touchaient plus terre à leur arrivée. Dans les loges, ils se changeaient en silence sans nous adresser la parole ; nous ne faisions plus partie du même monde. J'ai aussi eu le privilège d'y voyager quelquefois. Il fallait avoir le cœur bien accroché, ça branliquote beaucoup ces petits avions…

Je suis rapidement devenu proche du coiffeur. Je n'ai jamais été très sûr de son identité Il avait autant de prénoms que de téléphones portables, avec nous il se faisait appeler Mathieu.

Un drôle de mec, à la fois très ouvert et très secret. C'était *le* coiffeur des people. Drucker le voyait une fois par semaine, Delon aussi et même Cahuzac, ministre du Budget à l'époque.

Je me souviens d'une fois où il avait surpris une discussion entre les musiciens, dans laquelle nous soupçonnions une irrégularité sur nos bulletins de paie. Il avait aussitôt dégainé son portable et laissé un message furibard à « son pote » Cahuzac pour qu'il colle un contrôle fiscal au cul de Gilbert Coullier Productions.

Peu après, le ministre a été pris dans une tourmente médiatique, Mathieu lui laissait régulièrement des messages de soutien un peu surréalistes.

Ce gars était mon héros, il ne pouvait couper les cheveux qu'après avoir vidé au minimum une demi-bouteille de vodka.

Il m'avait raconté être devenu coiffeur par hasard. À son premier jour d'armée, on avait demandé à la cantonade s'il y avait un coiffeur. Il avait levé la main et s'était retrouvé à prêter main-forte au salon de coiffure pour tondre les appelés, alors qu'il n'avait jamais tenu de ciseaux de sa vie.

En deux temps trois mouvements, il avait appris le maniement de la tondeuse et s'était rendu compte que le salon de coiffure était un endroit privilégié, stratégiquement très important dans la vie de la caserne. Il était au courant de tous les petits secrets et les petites combines… n'hésitant pas, si besoin, à jouer les entremetteurs, ce qui lui conférait un statut social bien particulier. Sorti de l'armée, il était devenu coiffeur. Dans la vraie vie, les choses se déroulaient exactement selon les mêmes schémas et son statut social perdurait.

Il avait un don incroyable pour couper les cheveux, il les coupait à sec. C'était plus de la taille que de la coupe, en fait. J'avais remarqué qu'il prélevait très souvent des boutures de plantes quand l'occasion se présentait. Un jour, j'étais allé chez lui, il habitait un tout petit appartement à Montreuil, avec une gigantesque terrasse où s'amoncelaient toutes sortes de plantes magnifiques, une vraie forêt vierge. Ce gars-là avait une main verte exceptionnelle, je m'étais alors rendu compte qu'il existait un pont entre la taille des cheveux et celle des plantes.

Avant de vous couper les cheveux, il vous regardait longuement, buvait une grosse rasade et vous sautait dessus, les ciseaux à la main. En quelques secondes, vous aviez une coupe impeccable, les plus riches s'en étaient bien rendu compte.

Je me souviens d'un concert au Royal Albert Hall où il était entré en trombe dans notre loge, avait sifflé une demi-bouteille sous nos yeux et était reparti dans celle de Johnny. Quelques instants plus tard, une détonation avait retenti et le système d'alarme incendie s'était déclenché. Son sèche-cheveux avait littéralement explosé lorsqu'il l'avait allumé. Heureusement, il n'était pas pointé sur la tête de Johnny ! Le lendemain, il m'avait confié que son pass « Backstage », un truc en plastique format carte de crédit, s'était encastré dans le moteur.

Bien souvent, son boulot consistait à repeindre des crânes pour laisser croire que tel people n'avait pas de problèmes capillaires. À l'ère du paraître, la chevelure a une importance capitale…

Johnny devait passer au journal de TF1 pour annoncer sa tournée mais ce jour-là, mal luné, il s'était enfermé dans sa loge et y avait interdit l'accès à Mathieu. Il s'était occupé de sa teinture tout seul. Résultat des courses, à l'antenne : il avait les cheveux orange. Le lendemain, sur les réseaux sociaux, tout le monde ne parlait que de sa couleur de cheveux et personne de sa tournée.

La date de Genève approchait à grands pas ; quelques jours avant, les journalistes suisses, presse et radio, s'étaient déchaînés et n'arrêtaient pas de me solliciter. L'un d'entre eux, un ancien musicien que j'avais vaguement côtoyé dans le temps, avait obtenu une interview en exclusivité.

Le jour du concert, je me retrouvais avec une énorme photo de moi en première page du deuxième cahier de la *Tribune de Genève* : « Fred le Genevois allume le feu avec Johnny Hallyday ». Trop fort ! Ils avaient bien pris soin d'oublier mon patronyme, c'est sûr, Jimenez, ça fait pas très genevois. Le lendemain, pour *Le Matin de Lausanne*, j'étais devenu vaudois. Sacrés journalistes !

Quand nous sommes revenus jouer en décembre à l'Arena de Genève, la Télévision suisse romande m'avait tanné pour faire un reportage sur moi. J'avais fini par accepter par faiblesse, mais je n'avais absolument rien à y gagner. Après le concert, ils m'avaient suivi. La honte ! J'étais filmé dans un bar, dans le quartier des Pâquis, avec mes potes qu'ils avaient interviewés les uns après les autres. J'avais négocié pour qu'ils me lâchent la grappe à minuit.

Le lendemain matin, complètement hagard après une nuit presque blanche, je me retrouvais dans une école de musique face caméra à chercher mes mots sous le feu des questions d'un journaliste. Voilà ce qui arrive quand on ne sait pas dire non.

Pour la petite histoire, quatre ans plus tard, alors que je sortais un album en collaboration avec l'alchimiste Patrick Burensteinas, j'ai essayé de les contacter, mais pas un ne m'a pris au téléphone. Vous voyez le genre !

Heureusement, le soir de ce premier concert, j'étais sorti pour une virée nocturne avec mes potes et sans caméra. C'était bizarre, des gens me reconnaissaient et me demandaient des choses étranges, comme faire passer leur scénario à Luc Besson... Ils s'imaginaient que je connaissais personnellement le Tout-Paris. Même mes potes me faisaient un peu la gueule et se demandaient pourquoi je ne rinçais pas tout le bistro à grands coups de tournées générales.

En plus, je passais pour un gros radin ! Au bout d'un moment, je fus bien obligé de leur lâcher mon salaire : 750 euros net par stade et 600 euros pour un Zénith. Dans un pays où un smicard se fait plus de 3 600 euros par mois, ça laisse songeur. Eux s'imaginaient beaucoup, beaucoup plus.

Plus les stades sont grands, plus le public est loin. L'équation est étrange : plus il y a de monde, plus vous êtes seul. Et quand vous êtes absolument seul, vous vous retrouvez face à votre pire ennemi, vous-même. Cette petite voix qui vous parle alors que vous êtes en train de jouer : « Tu n'es pas très en forme ce soir » ou alors : « C'est quoi la prochaine note ? » Comment la faire taire ?

À ce niveau-là, la pression psychologique est énorme. Pas le droit à l'erreur, une fausse note et vous êtes dehors. Sur plus de deux heures de show, ça demande des nerfs d'acier. Surtout que la basse est censée porter la baraque, comme on dit. La plupart des gens ne la perçoivent pas mais si elle s'arrête, tout le monde tombe de cheval.

Avant le tout premier concert à L.A., j'avais mis au point une technique qui m'avait bien aidé. La veille du premier show, je déroulais tout le concert mentalement en temps réel, au bord de mon lit, en visualisant mon manche. C'était très utile mais pas suffisant. Il me fallait un truc en plus pour avoir des nerfs à toute épreuve. C'est par hasard que j'ai trouvé la solution, en regardant des documentaires et des conférences dans ma chambre d'hôtel.

Je me passionnais pour des sujets tels que l'ésotérisme ou l'alchimie et j'étais tombé sur un documentaire à propos de l'intelligence collective des insectes et le vol des oiseaux migrateurs. C'était fascinant et me paraissait s'approcher de l'état d'esprit qu'il fallait atteindre sur scène. Surtout ne pas réfléchir !

Un soir, alors que nous jouions la partie « unplugged », en équipe réduite, sur une petite scène qui avançait au milieu du public, je fus saisi d'effroi quand je vis soudain Geoff, le batteur, faire un long roulement annonçant la fin d'une chanson. *Quelle chanson ? Où suis-je ? Qui sont ces gens ?*

J'ai plaqué une note étouffée et mon cœur s'est mis à battre très fort. J'ai repris mes esprits et regardé la setlist, on venait de jouer trois titres dont je n'avais absolument aucun souvenir. Me serais-je empoisonné au catering ?

Alors que Johnny était seul sur scène pour interpréter une chanson, j'ai demandé aux autres musiciens :

« Ça allait ? Je n'ai pas fait de fausses notes ?

— Non, pas du tout ! »

Le soir même, Olivier, mon pote ingé son, me confirmait que j'avais très bien joué.

Ce jour-là, j'ai réalisé que c'était exactement l'état d'esprit qu'il fallait atteindre : l'abandon et le lâcher-prise intégral, ne penser à rien, se sentir porté et devenir un spectateur enthousiaste de soi-même, voilà le secret !

Juste avant de monter sur scène, pour me mettre en condition il me suffisait de sautiller comme un boxeur pour faire monter l'énergie et plus rien ne pouvait m'arriver.

Johnny, quant à lui, avait aussi son petit rituel : nul besoin de se chauffer la voix pendant des heures avant un show, comme Mick Jagger, non ! Lui émettait plusieurs fois de suite un son bizarre : « HA-HU HA-HU », le HA dans les graves, le HU dans les aigus, c'est tout ! Backstage, dans le petit ascenseur qui le menait à sa boule de démolition, on entendait « HA-HU HA-HU ».

STADE DE FRANCE

Le premier Stade de France était prévu le jour où on fêtait les 69 ans de Johnny. Il y avait énormément de célébrités invitées. Delon était monté sur scène avec un gâteau et Eddy Mitchell était venu chanter « Toute la musique que j'aime » en duo.

C'était la première fois que j'allais au Stade de France. Incroyable le temps qu'il fallait pour remplir ce stade, le public arrivait au compte-gouttes et nous devions attendre que le soleil soit couché pour commencer. Les premières parties s'enchaînaient.

Dans la tribune officielle, il y avait les VIP qui buvaient du champagne en se congratulant. Le reste du public lançait des olas qui inévitablement venaient se fracasser sur eux qui, bien entendu, n'allaient pas s'abaisser à participer. Ils se faisaient alors copieusement huer par le stade entier, sans que cela ne les perturbe. La voilà, la nouvelle élite ! Nous avons coupé la tête des rois pour les remplacer par des présentateurs TV, des hommes politiques et des saltimbanques.

Après le show, dans les loges, je me souviens d'avoir remonté une longue file d'attente de têtes plus connues les unes que les autres. Ils patientaient pour avoir, chacun leur tour, une petite audience avec Johnny, le nouveau pape.

À une heure et demie du début, je ne sais pas ce qui m'a pris, j'ai voulu aller voir si ma femme et mes invités étaient bien installés dans les tribunes officielles. Quelle galère pour y accéder, c'était gigantesque, ce stade, un vrai labyrinthe. Enfin, j'ai fini par trouver… Mais une fois arrivé devant l'agent de sécurité, je me suis rendu compte que j'avais laissé mon pass « All Access » et mon téléphone dans les coulisses. Évidemment, il ne m'a pas laissé entrer et n'a pas cru un seul mot de mes explications. J'ai commencé à paniquer. Impossible de regagner les loges ni d'appeler le régisseur, un vrai cauchemar !

Je courais partout. J'ai fini par sortir de l'enceinte du stade, le temps passait et je galopais dans tous les sens. Je ne sais par quel miracle, j'ai aperçu l'entrée du parking souterrain par lequel nous étions arrivés avec le bus des musiciens. Je m'y suis engouffré, toujours en cavalant. Le parking aussi était gigantesque mais j'ai réussi à m'orienter et je suis arrivé en sueur dans les loges quarante minutes avant le show, j'avais juste le temps de me changer.

À peine habillés, avec les autres musiciens, nous avons rejoint Johnny pour aller derrière la scène. Le trajet était très long. Nous sommes repassés par le parking souterrain, avançant sous une haie d'honneur formée par les machinistes, techniciens, chauffeurs, collaborateurs du bureau de prod, en bref, tout le staff qui tirait des gueules d'enterrement en nous faisant des checks. La pression était palpable.

Une fois dehors, nous avons entendu la clameur du stade, 60 000 personnes. Très impressionnant ! Les écrans géants se sont allumés sur les images de fin du monde, la musique de Berlioz a démarré et

Johnny a rejoint la boule de démolition, « HA-HU HA-HU ».

Sur scène, j'étais juste à côté de lui, et spontanément nous avions mis au point plein de petits rendez-vous scéniques à des moments bien précis. Par exemple, un jour qu'il chantait « lâcher le lion dans l'arène » dans « Allumer le feu », j'avais déboulé à toute vitesse dans son dos et foncé sur les fans du premier rang, fait semblant de leur donner un grand coup de tête puis étais revenu aussi vite en reculant. Johnny m'avait immédiatement fait comprendre qu'il avait adoré.

Ce que je n'avais pas prévu, c'est que la fois suivante, lorsqu'on avait rejoué la chanson, à l'instant précis de « lâcher le lion dans l'arène », il m'avait regardé : je devais y retourner. J'ai dû le refaire à chaque concert.

Tous les soirs, nous avons trouvé des nouveaux trucs sur d'autres chansons. Quand Johnny validait un rendez-vous, il ne fallait pas le rater la fois suivante.

Au fil du temps, ça a commencé à en faire beaucoup des rendez-vous…

Vers la fin du spectacle, Eddy est monté nous rejoindre sur scène pour chanter « Toute la musique que j'aime ». Au moment du très long solo de guitare et d'harmonica, à la fin du titre, alors que le public avait les yeux rivés sur Yarol et Greg, Johnny s'est approché de moi en tenant sa guitare comme une mitraillette et m'a coincé contre le podium de batterie pour me donner des coups dans le buste avec son manche. Eddy est arrivé en renfort, il se marrait comme une baleine. J'hallucinais, j'avais ces deux grigous en train d'essayer de me pousser à la faute devant tout le Stade de France.

Après le show, les people ont débarqué backstage. Pour eux, il y avait deux endroits prévus. Un salon pour les VIP et un autre pour les VIP +. C'est-à-dire que quelqu'un de connu sans plus, style Julien Lepers, ne pouvait pas accéder au salon VIP + où se trouvait Jean-Pierre Raffarin, par exemple.

Sachant quand même que « the véritable place to be » était la gigantesque loge de Johnny où se trouvait la crème de la crème, Delon, Eddy, Dujardin, etc., mais là, personne ne pouvait y accéder.

Évidemment, il y avait un repas prévu chez Costes, et j'y étais convié. Depuis quelque temps,

Johnny m'avait vraiment à la bonne, mais de mon côté j'étais toujours aussi coincé. Nous y sommes allés avec ma femme et nous sommes retrouvés en bout de table avec les accompagnateurs des gens connus. Le syndrome de Montpellier m'a repris, une envie irrépressible de me tirer. Les plats arrivaient sur la table et je me disais : *En plus, ça va nous coûter une blinde tout ça et on va galérer pour trouver un taxi.*

Au milieu du repas, je suis allé aux toilettes. Installé à l'urinoir, j'ai tourné la tête, et Johnny était juste à côté de moi. Il m'a dit : « Bravo, Fred, c'était super ! Tu as très bien joué ce soir ! »

J'ai dû bredouiller quelque chose et je ne l'ai pas revu, ou plutôt si, je l'ai aperçu en fin de soirée. Il réglait l'addition de toute la tablée.

LE MANS

La tournée se poursuivait et avait très bonne presse. C'était incroyable d'avoir joué au Stade de France, je ne m'étais jamais produit devant autant de monde. Avant ça, j'avais l'habitude de dire qu'il était beaucoup plus facile de jouer devant 60 000 personnes que devant 60 (sauf que je n'avais jamais fait de concert devant 60 000 personnes, par contre, les tout petits comités, ça me connaissait…). Maintenant, je peux confirmer cette intuition.

Peu après le Stade de France, nous sommes passés trois soirs au Sporting de Monaco. Changement radical d'ambiance. Il s'agissait d'une toute petite salle, ou plutôt d'un restaurant, devant une centaine de personnes qui avaient payé à prix d'or un repas suivi d'un concert de Johnny.

Au moment du dessert, alors qu'ils étaient toujours à table, le rideau s'ouvrait et le concert démarrait. C'est très risqué d'appliquer les mêmes recettes aux stades et aux petites salles. Pendant les solos de guitare par exemple, le chanteur est bien obligé de se donner une contenance. Dans les stades, Johnny n'était pas du genre à danser ou gigoter comme un Iggy Pop, il prenait souvent une pause de statue grecque. Il restait immobile devant un spot, l'ombre portée suffisait à provoquer un bel effet scénique, en plus ça lui permettait de récupérer. Évidemment, dans une petite salle, ça ne produisait pas le même effet. Pendant les solos, au Sporting, il restait figé dans des positions improbables sous les yeux médusés du premier rang.

Après le Stade de France, il y eut un concert encore plus gigantesque, les Plaines d'Abraham, au Québec, devant 90 000 personnes.

Johnny tenait à ce que ses musiciens soient très bien traités : lorsque nous prenions l'avion, par exemple, il exigeait que nous soyons en business class. Nous nous y sommes rendus en A380. Durant le vol, nous étions assis côte à côte avec Yarol, et après avoir picolé du super pinard, on a mis chacun sur notre écran le même film, en essayant de le synchroniser. C'était un biopic sur Claude François. Dans ce film, il y avait un acteur qui tenait le rôle de Johnny. Alors que nous le visionnions, j'ai senti une présence dans mon dos. Je me suis retourné, c'était Johnny, le vrai... Nous avons regardé une bonne partie du film ensemble, c'était très troublant. Je le voyais en double. Je me souviens qu'il avait l'air affligé et ne cessait de répéter : « Mais comment la famille de Claude a-t-elle pu laisser faire ça ? » C'est vrai que dans ce film, Claude François était présenté comme un véritable psychopathe.

La tournée se prolongeait jusqu'à fin juillet dans des stades, pour ensuite redémarrer dans des Zénith.

Quand nous jouions dans les stades, un orchestre symphonique était engagé dans chaque ville. Il s'agissait en fait de musiciens de la région à qui la production demandait de venir habillés en blanc. Anne Gravoin, la cheffe d'orchestre, les faisait répéter inlassablement en coulisses. On se demandait bien pourquoi car leur prestation était préenregistrée : ils étaient en play-back, mais je crois que la production leur laissait croire que leur performance était diffusée. Certains d'entre eux s'étaient étonnés : « C'est bizarre, il n'y a pas de micro sur scène… »

Alors Anne avait demandé aux techniciens d'en installer quelques-uns. Ils s'étaient exécutés de mauvaise grâce. Les jours suivants, dans une autre ville, d'autres avaient remarqué : « C'est bizarre, il n'y a pas de câble au bout des micros… »

Le plus surréaliste fut un jour où nous prenions le train ensemble. J'étais à la voiture-bar avec Olivier, mon pote ingé son, quand Anne déboula et se précipita vers lui : « Oh, là, là, nous avons de gros problèmes de son avec les violons sur la tournée de Julien Clerc. » Pour le coup, ils jouaient vraiment, eux, et ça devait être une vraie tannée pour les sonoriser. « Il faudrait que je te mette en contact avec Julien, ça sonne tellement mieux avec toi ! » dit-elle. Nous nous sommes regardés, Olivier et moi, nous entrions dans la quatrième dimension.

À cette époque, Anne était la femme de Manuel Valls, alors ministre de l'Intérieur. Lorsque la dernière date de la tournée des stades est arrivée, elle a tenu à marquer le coup en organisant une petite réception avant le show, dans les vestiaires du stade du Mans où nous étions censés jouer.

Nous sommes partis tous ensemble de Paris, elle, les musiciens et les gens de la prod en bus. Elle avait apporté plein de bouteilles de champagne. Arrivés à une dizaine de kilomètres du stade, nous avons été pris dans un embouteillage. Impossible d'avancer. L'accès au stade était hyper mal foutu. À la sortie de l'autoroute, la bretelle débouchait sur une route nationale à une voie qui était remplie de gens venus assister au concert.

Anne était dans tous ses états et a commencé à engueuler le chauffeur : « Mais enfin, qu'est-ce qui se passe ? J'ai mon pot d'adieu, moi ! Vous pouvez pas aller plus vite ? »

Et le gars de répondre :

« Et qu'est-ce que vous voulez que je fasse ? Que je mette une hélice sur le toit et que je m'envole comme un hélicoptère ?

— Ça ne va pas se passer comme ça ! » a-t-elle tonné.

Et elle est partie, furibarde, téléphoner au fond du bus. Quelques instants plus tard, elle est revenue lui donner ses instructions, et là, tout est devenu possible. Nous avons pris la bande d'arrêt d'urgence et roulé à toute vitesse. Dans le bus c'était l'euphorie la plus totale, les gens, dans un état second, se sont mis à hurler.

Arrivés à la sortie de l'autoroute, des policiers ont bloqué la circulation et nous ont fait entrer à contresens sur la nationale. Escortés par des motards, nous avons remonté toute la file de voitures jusqu'au stade.

À un moment, héroïque, face à nous, une vieille 4L a planté les freins, le conducteur est resté dans sa voiture les bras croisés, nous obligeant à nous arrêter. Je l'ai trouvé très beau.

Il s'est fait copieusement insulter par l'ensemble du bus et les flics ont vite fait de le faire se ranger sur le bas-côté. J'imagine que ça a dû chauffer pour ses fesses.

Nous sommes finalement arrivés dans les temps au stade. Manuel Valls et Stéphane Le Foll, alors ministre de l'Agriculture, nous attendaient.

La réception pouvait enfin avoir lieu dans les vestiaires du stade, au milieu de trophées et de photos de types en short, le tout sous un éclairage au néon du plus bel effet.

Anne était volubile et papillonnait au milieu de tout ce beau monde. Les musiciens ricains, qui ne l'avaient pas calculée de toute la tournée, étaient eux aussi en mode représentation. Particulièrement les Vine Street Horns, très show off, n'hésitant pas à être tactiles et lançant, des trémolos dans la voix : « *Anne, you gonna miss me, darling !* » Et à elle d'en rajouter, peu avare en accolades.

J'ai remarqué qu'elle jetait des petits coups d'œil à son Ibère de mari, qui fulminait dans un coin, incapable de se concentrer sur la conversation qu'il avait avec Yarol. Au bout d'un moment, n'y tenant plus, il est allé l'attraper discrètement par le bras et l'a entraînée au fond de la salle. N'en perdant pas une miette, j'ai reculé, mon verre de champagne à la main, pour écouter ce qu'il disait. « Putain, tiens-toi bien, merde ! Je suis ministre de l'Intérieur… Tu comprends… Ministre de l'Intérieur, merde ! »

Pauvre France, j'ai pensé.

Alors que nous sirotions notre champagne, des nuages noirs s'étaient amoncelés sur le stade, et l'orage qui menaçait éclata. La production dut se rendre à l'évidence, il fallait annuler le concert.

Nous sommes tous remontés dans le bus et l'organisateur a attendu que nous ayons quitté le stade pour annoncer la mauvaise nouvelle au public.

FIN DE L'ANNÉE

En automne, nous repartions donc jusqu'à Noël en tournée des Zénith, avec deux incursions à l'étranger : Moscou et Tel-Aviv.

À Moscou, nous nous sommes produits au Kremlin. Nous nous sommes retrouvés dans ce lieu magnifique à installer notre matériel, là même où les plus hauts dignitaires communistes se roulaient des galoches lors des congrès du parti. Tout était resté dans son jus, y compris le système audiovisuel qui datait des années 1970.

Les membres de notre équipe technique n'étaient pas autorisés à toucher aux boutons. Rien de si extraordinaire, c'est pareil à Radio France…

Toujours est-il que le concert était retransmis sur des écrans géants et qu'il n'y avait que trois caméras. Une en plan large, une sur Johnny et la dernière sur Yarol.

Nous sommes montés sur scène et j'ai trouvé la réaction du public un peu étrange. Les Russes sont très francophiles. Ils venaient applaudir l'artiste français le plus renommé et se retrouvaient face à un Johnny Hallyday totalement empreint de culture américaine, tout un symbole.

Au sortir de scène, grosse effervescence du côté de la technique : un cameraman russe n'avait rien compris et, à cause de la vétusté du système d'intercom, personne n'avait pu l'avertir qu'il se trompait de cible. Au lieu de filmer Yarol, il avait braqué sa caméra sur moi pendant tout le concert.

Quelques jours plus tard, nous enregistrions une émission de Michel Drucker à Paris, « Le Grand Show de Johnny Hallyday », avec pléthore de prestigieux invités, Roberto Alagna, Patrick Bruel, etc.

Je me préparais dans les loges quand un type de l'entourage de Johnny, un riche homme d'affaires, s'approcha de moi et me dit avec un air de conspirateur, me montrant du doigt : « Je sais qui tu es ! Je sais qui tu es ! » Il restait planté devant moi, énigmatique, le doigt en l'air.

J'étais très intrigué, moi qui étais versé dans l'ésotérisme et qui avais des préoccupations métaphysiques, me posant mille questions sur le sens de la vie, je me retrouvais face à ce gars qui savait qui j'étais, alors que moi-même je n'étais pas bien sûr de le savoir.

La journée fut longue et ce type était toujours en retrait, à me fixer. Serait-ce un dingue ? Je le voyais entrer et sortir de la loge de Johnny, discutant avec lui et Laeticia. J'étais perplexe. À intervalles réguliers, il venait dans ma direction, le doigt pointé, et me lâchait : « Je sais qui tu es ! Je sais qui tu es ! » Avant de repartir aussi vite.

À la fin de la journée, il me demanda mon numéro, il avait des choses à me dire…

Le lendemain, il m'appela et me raconta qu'il était très ami avec les Gipsy Kings (enfin, le groupe était scindé en deux, il était proche de la partie gitane). Il me dit qu'ils voulaient me rencontrer et travailler avec moi.

« Avec moi ? répondis-je. Je crois que tu te trompes de personne, tu dois me prendre pour un autre !

— Non non, pas du tout, répondit-il, je sais qui tu es ! Je sais qui tu es ! »

Il me proposa de l'accompagner au Palais des Sports où les Gipsy Kings se produisaient en concert la semaine suivante. Ils m'avaient réservé une place d'honneur et je fus reçu comme un prince. Je n'en revenais toujours pas.

En 2004, j'avais entièrement composé et réalisé un album pour Jean-Louis Murat, *A Bird on a Poire*, qui avait marqué les esprits et s'était même retrouvé à concourir comme meilleur album pop rock aux Victoires de la Musique.

Il n'était pas passé inaperçu mais de là à intéresser les Gipsy Kings... Avec mon univers très pop anglaise, bourré de trompette à la Bacharach, je ne voyais pas le rapport.

Après mûre réflexion, je me suis dit qu'ils devaient me prendre pour Philippe Uminski, le chef d'orchestre de Johnny sur la tournée *Tour 66* de 2009, cette fameuse tournée qui avait débouché sur ses soucis de santé. Il y avait peut-être un petit air de ressemblance entre nous deux, c'était ma seule explication.

Toujours est-il que je me retrouvais backstage après le concert, avec tout le groupe qui me faisait des ronds de jambe. Rendez-vous fut pris pour que j'aille les rencontrer le mois suivant, chez eux, en Camargue. On parlait de moi pour réaliser leur prochain album, j'étais dans les tuyaux, comme on dit.

L'homme d'affaires m'avait expliqué que le chanteur, analphabète, avait mis au point une sorte d'écriture personnelle pour retenir les paroles. J'étais très curieux de voir ça.

Je me suis alors mis en tête de leur composer une chanson, dans le style « Bamboleo ». J'ai maquetté le titre en chantant en yaourt espagnol et demandé à Yarol d'ajouter des solos de guitares espagnolisantes.

J'étais très content du résultat et l'ai envoyé à l'homme d'affaires au cas où un membre du groupe voudrait bien en écrire le texte. Je n'ai reçu aucune réponse, le gars a totalement disparu dans la nature et ne m'a plus jamais donné signe de vie. Je crois qu'il avait finalement su qui j'étais, ou plutôt qui je n'étais pas…

La fin de l'année approchait et celle de ma mission également. Notre dernière date était prévue le 22 décembre à Marseille.

Je tenais à remercier Johnny pour cette merveilleuse année que j'avais vécue et me rendais bien compte que je ne pourrais pas lui parler le jour de la dernière. Trop de monde. Je guettais le moment propice. L'occasion se présenta à Lyon, pour l'avant-dernière date. Je frappais à la porte de sa loge et il me fit entrer. Il était seul, je me suis lancé : « Je voulais te remercier pour tout. Demain sera notre dernier concert et je tenais à te dire que ce fut une année extraordinaire pour moi. »

Il y eut un long silence. Il s'est levé pour faire je ne sais quoi. Je me suis dit qu'il fallait peut-être que je le laisse, puis il est revenu vers moi et m'a dit : « La fin de quelque chose, c'est le début d'une autre. » J'ai médité cette phrase que j'ai trouvée très forte. Nous sommes restés silencieux et j'ai quitté la pièce.

Le lendemain, pour la dernière la production avait organisé un grand repas backstage où étaient présents tous les musiciens. Au moment du dessert, Johnny s'est levé et a fait un speech. Me fixant droit dans les yeux, il a dit : « J'ai passé une excellente année avec vous, vous êtes un super groupe et l'année prochaine, je veux que nous repartions en tournée pour mes 70 ans. »

Les Ricains ont dit : « *In English please ! In English !* » Quelqu'un a traduit et tout le monde a fait : « Whou ! Whou ! Whou ! »

TOUCHEZ PAS AU GRISBI

En ce début d'année 2013, nous avions rendez-vous au studio d'enregistrement Guillaume Tell, à Sèvres, pour tourner un EPK, une vidéo promotionnelle, pour le nouvel album de Johnny sorti à Noël et réalisé par Yvan Cassar, *L'Attente* (avec une apostrophe).

C'est une pratique très courante dans l'industrie du disque, on loue un studio et, sous l'œil des caméras, on fait semblant d'enregistrer une chanson, généralement le single de l'album.

Je n'avais pas participé à l'enregistrement initial mais je me suis retrouvé à faire l'acteur aux côtés de Johnny, Yarol, Yvan Cassar et un batteur recruté pour l'occasion. Je me souviens d'un plan où Cassar faisait semblant de me donner des indications pendant que je faisais semblant d'enregistrer.

J'avais participé à une vraie session d'enregistrement, en 2011, un peu avant la tour Eiffel. Nous avions enregistré une chanson, « Autoportrait », sous la direction de Yarol.

J'étais présent lors des prises de chant de Johnny. À un moment, il était venu nous rejoindre dans la control room pour écouter… repérant une petite imperfection, il s'était alors tourné vers l'ingénieur du son et lui avait dit calmement, de sa voix grave : « Tu arrangeras ça avec Propulse. »

Nous nous étions tous mordu les lèvres, il voulait dire Pro Tools. C'était un de ses traits de caractère, il se mélangeait souvent les pinceaux et disait un mot pour un autre.

Une fois sur scène, vers la fin d'un concert, au moment de présenter Alain et Fred, il avait dit : « Et maintenant, je vous présente les restes du groupe. »

Je pense qu'il a dû en souffrir. Les Guignols lui avaient collé une image de benêt, alors qu'en réalité, ce qu'ils prenaient pour de la bêtise était simplement une marque de timidité et de grande sensibilité.

De mon côté, *a contrario*, j'ai toujours pensé qu'il était fin et intelligent, d'une intelligence animale. Je me souviens qu'à l'époque d'A. S Dragon nous avions enregistré avec Adamo sous la houlette de Bertrand Burgalat. Quelques jours avant les séances, j'avais acheté un stock de vieux *Salut les copains*. Dans l'un d'eux, j'avais lu un reportage : « Adamo rencontre les Beatles à Abbey Road ». On y voyait des photos d'Adamo en compagnie des Beatles lors de l'enregistrement de *Sgt. Pepper*.

Pendant les séances, je lui avais demandé de me raconter cette rencontre, il était très mal à l'aise. Il n'en avait gardé aucun souvenir !

C'est très possible qu'à l'époque il les ait pris pour des boutonneux d'Anglais sans avenir... À sa décharge, Ringo Starr, pourtant en pleine Beatlemania, avait bien investi dans un salon de coiffure pour assurer ses arrières !

Johnny, quant à lui, avait très bien compris ce qui se jouait en cette fin des années 1960, en plein âge d'or de la pop music. Il était très conscient de côtoyer les principaux acteurs de ce qui allait devenir le phénomène artistique le plus marquant du XXe siècle : le génie musical de la jeunesse de l'époque. Peu nombreux sont ceux qui ont traversé cette période avec lucidité, Johnny en faisait partie ; si ce n'est pas une preuve d'intelligence, ça…

Nous finissions donc le tournage de cet EPK, j'étais en train de ranger ma basse dans son étui quand Johnny s'approcha de moi et me demanda : « Dis-moi, Fred, tu fais quoi toi en ce moment ? »

Je lui répondis que je composais des chansons pour une stripteaseuse burlesque, et avant que j'en dise plus, il m'interrompit : « Je veux que tu m'écrives une chanson, un rock, mais je veux que ce soit Miossec qui fasse le texte. » Il appela Seb, son manager : « Seb, tu donneras le numéro de téléphone de Miossec à Fred, il va m'écrire une chanson… »

Je ne savais pas que je m'apprêtais à mettre les pieds dans un remake de *Touchez pas au grisbi* ou du *Parrain*…

Évidemment, Seb ne me donna rien du tout et je dus trouver le numéro de Christophe Miossec par mes propres moyens. Il était très motivé pour fournir un texte et nous nous sommes mis au travail immédiatement.

J'avais déjà écrit avec Jean-Louis Murat, mais c'était très différent. Quand je lui envoyais une musique, il collait ses mots à la perfection sur la mélodie... Christophe, lui, me renvoyait trois pages de texte très dense. À moi de me débrouiller pour y piocher des mots ou des bouts de phrases.

Nous avons travaillé d'arrache-pied et, au final, avons maquetté cinq chansons.

Christophe était un peu surpris de passer en direct avec Johnny. Il travaillait déjà sur l'album, mais par l'intermédiaire d'un directeur artistique, un certain Lamblot, qui centralisait et choisissait les chansons.

Je connaissais un peu ce gars-là. Par-devant, il me souriait en me claquant la bise, mais quelqu'un de chez Warner m'avait informé que dès mes premiers jours avec Johnny, à chaque réunion, il n'avait eu de cesse de vouloir me dégager. Pour moi, c'était donc perdu d'avance.

Johnny voulait une chanson sur le monde carcéral, nous lui en avions écrit une et je me souviens d'avoir été très surpris par la réaction de ce DA lorsque Miossec lui en avait parlé : « Il commence à nous faire chier avec sa chanson sur les prisons », avait-il dit.

Je me rendis alors compte que Johnny n'avait pas son mot à dire. Il avait touché une grosse avance, il n'avait plus qu'à la fermer. Le vrai boss, c'était ce Lamblot.

Il suffisait de regarder les publications Facebook de Johnny pour comprendre comment ça fonctionnait. Quelques mois avant le début d'une nouvelle tournée, on pouvait voir : « Aujourd'hui, Johnny s'achète une nouvelle moto » ou « Aujourd'hui, Johnny s'achète un home cinéma », et il posait tout sourire à côté de ses nouveaux joujoux.

Mais lorsque la tournée commençait, il était dans le rouge côté finances et nettement moins souriant, alors la maison de disques arrivait : « Un nouvel album, Johnny ? » Et ainsi de suite…

Lamblot travaillait sur le prochain disque, *Rester vivant*. Sur l'album précédent, *L'Attente*, il avait réussi le tour de force de se faire détester par toute la profession. Sachant qu'un nouvel album était en préparation, tous les auteurs-compositeurs du pays s'étaient mis sur la grille de départ. Ça faisait du monde et dans le tas il n'y avait pas que des tocards. Après avoir écouté plus de 600 chansons, Lamblot avait prétendu en avoir isolé le nectar et choisi les 12 meilleures.

Les éditeurs et la plupart des artistes étaient dégoûtés : au final, sur le disque, mis à part Daran et Miossec, on ne retrouvait que d'illustres inconnus.

Du jour au lendemain, après trois mois de travail intense, je n'eus plus aucune nouvelle de Miossec, lui qui était capable de me laisser une trentaine de messages pendant la nuit…

Quoi qu'il en soit, je n'ai jamais su ce qu'il était advenu de nos cinq chansons. Johnny les avait-il entendues ? Peut-être qu'elles n'étaient pas si bonnes que ça et qu'il ne les avait pas aimées… Je n'ai jamais eu le fin mot de l'histoire, nous n'en avons jamais parlé.

BORN ROCKER TOUR

On prend les mêmes et on recommence. À la fin du printemps, c'était donc reparti pour un tour, le *Born Rocker Tour*.

Ce coup-là, nous étions en résidence à Bordeaux. La tournée allait monter en puissance avec le point d'orgue en ligne de mire : un concert à Bercy en live sur TF1 pour fêter les 70 ans de Johnny, suivi, dans la foulée, d'un concert au Théâtre de Paris, la rue même où il avait poussé son premier cri, soixante-dix ans plus tôt.

Dans les premiers jours des répétitions, alors que nous mettions au point le morceau des choristes (le moment, au milieu du show, où Johnny quittait la scène pour se changer et se reposer un peu), Yarol proposa aux Vine Street Horns de faire une sorte de solo.

Harry Kim prit la chose très à cœur et conçut rapidement une petite séquence musicale où les cuivres étaient mis en valeur. Je ne faisais pas trop gaffe, ils répétaient leur partie, lorsque Harry se tourna vers moi et me dit : « Et là, après cette phrase, Fred, tu balances un gros coup de slap ! » Je lui répondis : « Ah non, désolé, Harry, je ne peux pas slapper avec cette basse… »

J'avais ma Gibson rouge, on jouait un rhythm and blues genre « In the Midnight Hour » et mon son était parfait pour ce titre, ça groovait bien. « Ben, tu n'as qu'à changer de basse ! » répondit-il.

Je n'allais pas changer de basse juste pour faire un coup de slap au milieu de leur truc ! En plus, je déteste slapper, c'est pas du tout mon genre. Je laissais donc pisser. Grosse erreur !

Le lendemain, à l'hôtel, alors que je prenais mon petit déjeuner, je le vis débouler sur moi, suivi de près par les Vine Street Horns. Ils avaient un petit côté Dalton, avec Harry dans le rôle de Joe. Il posa son plateau en face du mien et déclencha les hostilités. D'après lui, mon son de basse n'allait pas du tout !

Il me le disait pour mon bien, pour que j'arrête de végéter dans des « petits projets », précisa-t-il. Il me parla également de mon matériel que je devais changer. J'en tirai sur-le-champ les conclusions qui s'imposaient et décidai de prendre dorénavant mes petits déjeuners seul dans ma chambre.

Pourtant, lors de la tournée précédente, il m'avait complimenté sur mon jeu, le qualifiant de « très solide », et maintenant il suivait son idée fixe et ne parlait plus que de mon son de basse, trouvant parmi l'équipe plusieurs oreilles attentives.

L'occasion pour moi de constater que je ne faisais toujours pas partie du sérail… Il fallait être vigilant, ça pouvait facilement dégénérer.

Étrangement, ces petites attaques me galvanisèrent. Plutôt que de ruminer dans mon coin, je décidai de régler mes comptes sur scène, trouvant à chaque date de nouveaux petits rendez-vous scéniques avec Johnny, qui, lui, semblait très content.

Finalement, ce dernier mit tout le monde d'accord. Au lendemain d'une des dates de Bercy, il entra dans le réfectoire où nous étions tous en train de manger, fonça droit sur moi, posa sa main sur mon épaule et dit devant tout le monde : « Hier, Calogero m'a dit que tu étais un super bassiste. »

Tout ça, c'était un peu grâce à Harry… D'ailleurs, lorsque ces médisances cessèrent, je me retrouvai un peu orphelin, ne sachant plus où puiser ma motivation.

Après la première date de Bordeaux, nous sommes allés à Périgueux. Nous nous y sommes rendus en car et Johnny en voiture.

Dès que j'ai vu notre chauffeur, un rouquin début soixantaine, une coupe Beatles avec le tour de taille de Carlos, j'ai senti que nous tenions un champion du monde.

Normalement, nous en avions pour moins de deux heures de route mais ce gars-là avait décidé de profiter de l'occasion pour nous faire visiter sa magnifique région en ne prenant que des petites routes départementales. Il parlait tout seul et commentait les paysages sans micro, personne ne l'écoutait. Tout le monde somnolait ou avait son casque sur les oreilles.

À un moment, il dut rebrousser chemin, son bus était trop grand pour passer sous un pont. Au bout de trois heures de route, les Ricains ont commencé à s'inquiéter de ne toujours pas être arrivés. Lui roulait au ralenti dans un sous-bois et disait d'un air pénétré, en regardant sur sa droite : « Ici, ça doit être un bon coin à champignons… »

Le lendemain du concert de Périgueux, en ouvrant mes volets, j'aperçus, garée devant la grille de l'hôtel, une magnifique voiture des années 1950, style Rolls, avec, dessiné sur le toit, un portrait de Johnny. Une fois mon petit déjeuner avalé, je suis allé voir ça de plus près. Tout dans la voiture était à l'effigie de Johnny, jusqu'au volant en bois sur lequel était gravé « Johnny » : une véritable voiture-musée.

Le propriétaire m'a expliqué qu'il suivait les tournées, principalement dans le Sud, et se garait le plus près possible de nos hôtels dans l'espoir que Johnny, un matin en ouvrant ses volets, aperçoive sa voiture et vienne la visiter. Arrivé à la retraite, tout l'argent de son commerce, une boulangerie, y était passé. Au prix de se fâcher avec ses enfants.

Les concerts de Bercy approchaient à grands pas, nous en avions trois de prévus, celui du milieu étant retransmis en direct sur TF1. De nombreux invités étaient attendus pour des duos. Comme souvent dans ces moments-là, en coulisses, on parlait de Rod Stewart ou de Lenny Kravitz, mais le jour J nous nous retrouvions avec Amel Bent, Florent Pagny ou Charles Aznavour.

Je n'avais jamais mis les pieds à Bercy ni pour y jouer ni en spectateur. En tant que public, j'ai horreur des grandes salles, j'y développe des symptômes d'agoraphobie. Je trouvais dingue de jouer trois soirs de suite à Bercy. Robin Le Mesurier, l'éternel guitariste de Johnny, vingt-trois ans de service, m'avait raconté, un peu blasé, que dans les années 1990 ils y avaient donné une bonne trentaine de représentations d'affilée.

J'aimais beaucoup Robin, un type très fin avec un grand sens de l'humour, très pince-sans-rire. Il prenait un air grave et vous disait : « *Oh my god, I forgot to take my memory pills !* »

Il faisait partie des vieux de la vieille, un peu comme Bernard Schmitt ou Jacques Rouveyrollis, le chef opérateur de toujours de Johnny, des gars qui avaient connu le business florissant. Une sorte d'âge d'or où l'argent coulait à flots et tout était facile.

À cette époque, pour des questions relatives au plafond du taux intermittent conjugué au prix de l'immobilier, une tournée avec Johnny vous rapportait un appartement ; à mon époque, je pouvais tout juste m'offrir un lave-vaisselle et un canapé.

C'était déjà la fin des haricots et le dernier tour de piste pour cette génération. Quelques-uns, comme ceux que je vous ai cités, avaient su conserver leur âme d'enfant mais d'autres, je pense à certains dans le bureau de prod, entendaient bien se gaver le plus possible jusqu'au dernier moment, défendant leur pré carré, tels des blaireaux dans leurs terriers. D'ailleurs, pour la toute dernière tournée, l'année suivante, la plupart de ces gars-là furent remerciés.

Pour le jour anniversaire de Johnny, cerise sur le gâteau, un « petit » concert était prévu au Théâtre de Paris avec Brian Setzer, dans la foulée du gros barnum de TF1. Nous devions y interpréter un répertoire adapté pour la circonstance, un répertoire très rock en formation réduite, sans les cuivres. La même formation avec laquelle nous partirions l'année suivante en tournée aux States.

Pour ce concert, bien qu'il soit filmé et qu'il fasse l'objet d'une sortie DVD, aucune répétition n'était prévue. À peine le concert de Bercy terminé, nous devions sauter dans un bus et nous rendre au Théâtre de Paris. Au préalable, l'équipe technique y avait installé notre matériel et nous remontions directement sur scène.

Par bonheur, quelques jours avant le show, Brian avait demandé à faire une répétition. Nous nous sommes donc retrouvés à l'attendre fébrilement dans un local parisien quelques jours avant la date.

Je revois Yarol peaufiner son son de guitare, nous demandant si c'était mieux avec telle ou telle pédale. On était bien incapables de dire quoi que ce soit tant le niveau sonore de l'ampli était fort.

Brian est arrivé, tout sourire, très sympa et accessible, sa fameuse Gretsch sous le bras. Il avait demandé un ampli Vox et un Space Echo. Au lieu de ça, la prod lui avait fourni un Twin Reverb et une petite pédale de simulation de Space Echo, il n'a même pas tiqué et est resté très souriant.

Nous le regardions tous régler son ampli, il avait un son très doux, beaucoup moins fort que celui de Yarol. Pour nous chauffer, en attendant Johnny, nous avons improvisé une petite jam. L'expérience était mystique. Bien que jouant beaucoup moins fort que les autres guitaristes, on entendait très bien Brian.

Nous sommes partis sur une sorte de blues rapide. Arrivés à la résolution, Brian levait la main et désignait l'un de nous pour prendre un solo sur le tour suivant : Yarol, Greg, Robin, tout le monde y passait. J'ai commencé à stresser, je déteste les solos de basse, heureusement, Johnny est arrivé juste avant mon tour, mettant fin à la jam.

Brian est venu assister au show à Bercy. Nous avons un peu bavardé, il était toujours aussi sympa. Le concert, retransmis en live sur TF1, commençait par une version de « Que je t'aime » revisitée par l'inévitable Yvan « Berlioz » Cassar, tout en finesse, à grands coups de violons et timbales préenregistrés, puis le groupe rejoignait l'orchestre fantôme sur le dernier refrain.

Le concert était lancé, plus de deux heures de show, avec pour moi une brève interruption au milieu, le temps de deux piano-voix, Berlioz venant s'installer au piano pour accompagner Johnny, puis Charles Aznavour les rejoignant.

Tout se passait très bien, j'étais en pleine forme, quand soudain une furieuse envie de pisser me saisit. Heureusement, les piano-voix approchaient, je pris mon mal en patience. Arrivé à la fin du dernier titre, je posai ma basse et partis en courant rejoindre les toilettes de nos loges. Elles étaient très éloignées de la scène, mon temps était compté. Je démarrai un sprint dans des coulisses très sombres, juste éclairées par un chemin tracé au scotch fluorescent.

J'accélérai quand soudain une sorte de voix intérieure, un instinct, me hurla : « STOP ! » Je m'arrêtai aussitôt… à quelques centimètres de Charles Aznavour venu rejoindre la scène, accompagné par un régisseur. Il a poussé une sorte de cri d'effroi et s'est mis à trembler, j'ai bien cru qu'il allait rendre l'âme. En une fraction de seconde, j'imaginais ma fiche Wikipédia : « Fred Jimenez, l'homme qui a pulvérisé Charles Aznavour. »

Une fois arrivé aux toilettes, je me soulageai en regardant une télé accrochée au mur. J'y vis Charles Aznavour entrer en scène encore tout tremblant. Le micro qu'il tenait entre ses mains bougeait dans tous les sens.

J'étais très mal, « Tiens bon, Charles ! Tiens bon ! » je l'encourageais de tout mon cœur. Il a attaqué le chant et, sans faire attention au prompteur qui répartissait qui chantait quoi, a déroulé toute la chanson, d'une seule traite, avec un débit de rappeur, mettant Berlioz totalement dans le vent sous les yeux ébahis de Johnny.

Ce soir-là, David Hallyday est venu nous rejoindre sur scène pour chanter « Sang pour sang », puis s'est installé à la batterie pour « Fils de personne ». Il m'a fait une très bonne impression, un mec normal qui ne se la pétait pas, même si c'est lui qui avait composé l'album le plus vendu de son père.

Johnny avait l'air très fier de lui. Pendant les répétitions, l'après-midi même, ils avaient piqué un énorme fou rire. Je n'avais jamais vu Johnny rire comme ça. Faut dire qu'il était arrivé de très bonne humeur, lorsque nous nous étions salués, je lui avais souhaité un bon anniversaire et il m'avait répondu : « Hé ouais, j'ai 70 ans et je t'emmerde ! »

Le concert se termina sans encombre. Le seul petit truc à signaler était que sur le premier titre de l'unplugged, je n'avais plus de son dans mes oreillettes, ce qui n'empêcha pas Brian Setzer de me féliciter pour mon jeu de contrebasse une fois le spectacle terminé. J'en fus très touché, personne ne l'obligeait à venir me dire ça. Puis, comme prévu, nous avons foncé en sa compagnie au Théâtre de Paris pour un concert très rock'n'roll.

Le troisième soir à Bercy fut peut-être le meilleur, il n'y avait plus de caméras et nous avons joué dans un état second, j'en garde un excellent souvenir, bien que Yarol se soit salement entaillé un doigt en jouant avec un cran d'arrêt juste avant le concert. Même le moment de la présentation des musiciens fut une réussite.

C'était toujours un moment un peu embarrassant. Johnny s'en était bien rendu compte ; les Ricains étaient mille fois plus à l'aise que nous dans cet exercice. Il nous en avait fait la remarque, ce qui n'était pas de nature à arranger les choses… Lorsqu'il annonçait par exemple : « À la trompette, Harry Kim ! », l'autre s'avançait, un sourire jusqu'aux oreilles, en roulant des mécaniques sous un tonnerre d'applaudissements ; saluait le public et se tournait vers Johnny, le pointant du doigt en rigolant, c'était magnifique de décontraction.

Nous autres, Français, étions toujours un peu empruntés, moi le premier. J'exécutais une sorte de révérence un peu minable, sous le regard affligé de Johnny, et au moment où je le pointais du doigt, la plupart du temps, il détournait la tête.

Le soir, après ce dernier concert, Johnny nous a tous invités à dîner dans un restaurant qui lui appartenait. Quand nous sommes arrivés, il était déjà là, fumant une clope dehors, en terrasse.

Il s'est mis à chanter « Le Gorille » de Brassens. Je ne sais pas si vous connaissez ce titre mais le débit est ultra rapide et le texte long comme le bras, il l'a chanté entièrement, sans ciller. Quand je pense que quelques heures plus tôt il jetait un coup d'œil au prompteur à chaque « Que je t'aime »...

Le restaurant, privatisé pour l'occasion, était situé dans un joli quartier. Il était bien décoré, pas gigantesque, tout en bois, un peu à l'ancienne.

À la base, il ne devait y avoir que Johnny et ses musiciens, un petit moment juste entre nous après ces trois jours très intenses, mais, bien évidemment, on a vu arriver, tout sourire, des gars de la maison de disques, plus deux ou trois satellites de la constellation Johnny. Absolument pas gênés de venir se taper l'incruste.

Au moment de passer à table, il n'y avait plus de place pour moi et mon pote Olivier, et le patron nous a très gentiment installés un peu à l'écart sur une table haute, à côté de la porte d'entrée. J'avais une très jolie vue sur le trottoir.

Il y avait un peu de va-et-vient et à un moment, alors que Johnny était sorti prendre l'air avec les pénibles, il a eu une sorte de malaise. D'où j'étais placé, je ne le voyais plus, il avait disparu entre deux voitures, et j'espérais que son garde du corps lui prodiguait les soins d'urgence. Toujours est-il que de ma place, je ne voyais que le visage de Laeticia, qui s'était précipitée, en pleurs, dans les bras du manager, ainsi que les regards fixes des gars de la maison de disques.

À leurs têtes, j'ai imaginé le pire et, soudain, j'ai eu une sorte de vision morbide : on aurait dit une bande de vautours aux aguets. Heureusement, Johnny a fini par se relever mais, l'espace d'un instant, les masques étaient tombés et ça faisait froid dans le dos.

TOURNÉE US

En ce début d'année 2014, se préparait une tournée aux States. Johnny s'était déjà produit là-bas par le passé mais n'y avait jamais fait de tournée. L'idée était excitante mais on ne savait pas sur quel pied danser. Un coup il utilisait des musiciens américains, un coup il nous prenait, personne ne savait. Finalement, il fut décidé de reconduire le *Born Rocker Tour*, pour notre plus grande joie.

Nous emportions dans nos bagages Philippe Manœuvre ainsi qu'un photographe et un réalisateur, Christophe Duchêne, pour immortaliser tout ça.

Les répétitions étaient prévues à Los Angeles, lieu de notre première date, pour une tournée de 14 villes sur une période d'environ quatre semaines.

Fidèle à son habitude, Johnny se déplaçait en jet privé le plus souvent possible.

L'équipe était dans des tourbus très classes, avec un grand salon et des couchettes. On se serait crus dans *Les Mystères de l'Ouest*. Il y avait deux tourbus ; un pour les musiciens et un autre pour les techniciens. Une fois le concert terminé, ils ne partaient pas avant 4 heures du matin. Ceux qui le voulaient pouvaient aller se coucher directement après le concert, les autres avaient quartier libre.

Chaque soir, nous sommes sortis voir des concerts dans des bars. Ce qui m'a frappé, c'est que, là-bas, les musiciens, très souvent excellents, ne se préoccupaient absolument pas d'être originaux à tout prix et ne cherchaient pas à révolutionner la musique comme chez nous. Au contraire, avoir une particularité ou être différent n'était pas une position enviable, ceux qui l'étaient en avaient l'air désolé.

Évidemment, Johnny se produisait dans des salles bien plus petites qu'en France, parfois 1 200 places, mais rarement plus. Au début, il semblait très excité par cette tournée mais, assez rapidement, se retrouver devant une petite audience ne lui convenait plus. S'il remarquait trois places vides tout au fond de la salle, il ne parlait que de ça en sortant de scène.

Lors d'un concert à Boston, où nous jouions sur du matériel de location (le nôtre étant parti en avion pour la date suivante à Miami), Johnny était d'une humeur massacrante. En arrivant dans les loges minuscules, Seb, son manager, nous a prévenus : « Johnny est à prendre avec des pincettes. Faites gaffe à ce que vous dites, relativisez la situation ! »

J'avance et tombe sur lui, installé dans un placard à balais, arrangé par le régisseur, avec ses photos, une jolie lumière, son cendrier, mais un placard à balais tout de même, sans fenêtre. Il était assis là, complètement dépité, et me dit : « Regarde, Fred, tu as vu où ils m'ont mis ! »

Je ne sais pas pourquoi mais, du tac au tac, je lui ai répondu : « Ben, dis donc, la prochaine fois, ils te mettront dans une maison de poupée ! »

Le soir même, il passait un savon maison à son manager et à toute l'équipe de prod.

À la mi-tournée, pendant un jour off, il nous a invités, musiciens et techniciens, à dîner.

Ce soir-là fut bizarre, nous étions tous dans une grande salle et Johnny dans une autre, avec juste quelques personnes à sa table, Yarol, Seb, Robin et je ne sais plus qui. Il est à peine venu nous saluer.

Bien qu'il nous ait dit aux premiers jours des répétitions qu'il comptait sur nous pour la prochaine tournée, ce soir-là, je sentis que le ver était dans le fruit. Quelques jours auparavant, Lamblot, le DA, était venu lui parler de leur futur projet d'album. Je l'avais croisé dans un couloir et il m'avait adressé un large sourire, ça n'augurait rien de bon.

Plus la tournée avançait, plus Johnny devenait irritable. À tel point qu'un soir, après un concert à Washington, n'y tenant plus, son garde du corps et chauffeur, un gars bilingue au CV long comme le bras (il avait bossé pour les Clinton et Madonna) arrêta la voiture sur le bas-côté alors que Johnny était en train de se lamenter. Il se retourna et lui fit une petite mise au point : « Ça va pas, Johnny ! Tu ne te comportes pas bien ! Voilà une heure que tu te plains. Te rends-tu compte que tu es le premier

Français à avoir joué ici, au Lincoln Theatre ? Cab Calloway, James Brown ont débuté ici, et toi, tu râles et tu parles mal à ton équipe. »

Il redémarra la voiture dans un silence de mort. Le lendemain, Johnny arrivait aux balances souriant avec un mot gentil pour chacun de nous.

Le photographe et le cameraman étaient dégoûtés. Ils voulaient relater cette tournée inédite aux States mais Johnny passait son temps à voyager en avion privé. Ils n'avaient d'images de lui que dans des lieux impersonnels, des aéroports, des hôtels de luxe ou des loges qui auraient pu être n'importe où.

Pour moi, le meilleur moment fut notre séjour à La Nouvelle-Orléans. Me retrouver deux jours dans cette ville au delta du Mississippi fut une révélation.

D'un État à l'autre, les mentalités sont très différentes. Rien à voir La Nouvelle-Orléans et Boston par exemple. J'avais passé ma vie à soutenir mordicus que les Français n'avaient rien apporté au rock, à part Magma peut-être, même les Allemands avaient fait mieux que nous. Ici, au bord du Mississippi, le berceau de la musique populaire du XXe siècle, je me rendais compte que tout respirait la France, jusque dans l'architecture.

On voyait bien que les colons français s'étaient mélangés avec les indigènes au lieu de les massacrer. Ce qui donnait une étonnante combinaison de culture animiste mâtinée de symboles chrétiens. Visiter un cimetière à La Nouvelle-Orléans est très édifiant.

Un soir, nous nous sommes retrouvés dans un petit club et le speaker annonça la venue sur scène d'une vieille gloire locale, je ne me souviens plus de son nom, toute la salle s'est levée et a applaudi à tout rompre.

C'est alors qu'un vieux monsieur est monté sur scène tout habillé de blanc avec un canotier, on aurait dit Maurice Chevalier. Ça sentait la France à plein nez.

Ce soir-là, nous sommes allés à une fête dans une maison très éloignée du centre-ville. La maison était immense avec un grand jardin, un bar et en sous-sol une salle de concerts. Plusieurs groupes locaux partageaient l'affiche, tous avaient ce groove chaloupé si particulier de là-bas. Je pense entre autres à Dr. John ou aux Meters. Après plusieurs verres de rhum, j'ai eu une illumination, c'était la musique idéale pour danser bourré, en titubant. La musique de l'alcool, encore un apport français !

Je pensais à tout ça, installé dehors sur un banc, quand quelqu'un m'adressa la parole en s'asseyant à côté de moi : c'était Johnny. J'ignorais qu'il était venu, mais il était là, très naturel, personne ne le reconnaissait. Subitement redevenu un mec normal, un quidam. Nous avons passé une très chouette soirée, très détendus, la garde enfin baissée.

Le lendemain, le photographe et le cameraman étaient encore plus dégoûtés quand on leur a raconté ; eux étaient allés se coucher comme des poules.

Nous avons pris le bus direction Houston. Sur la route, nous nous sommes restaurés dans un drive-in à Lafayette, merveilleux moment dans un lieu très typique, à parler français avec des Cajuns. Le cameraman et le photographe étaient là, mais Johnny était dans son jet. Caramba, encore raté !

Au Texas, changement radical d'ambiance. À notre arrivée à l'hôtel, nous avons eu droit à un brief du directeur qui nous transmit une recommandation à ne pas prendre à la légère : surtout ne pas monter seul dans un ascenseur avec une femme.

Nous étions dans un hôtel de luxe, et il y avait des jeunes femmes qui tentaient de monter seules avec un client pour prétendre ensuite s'être fait agresser. Pour un touriste de passage, il n'y avait alors d'autre choix que de plaider coupable avec comparution immédiate et payer une sorte de rançon pour éviter d'être incarcéré dans l'attente d'un procès.

Le dernier concert de la tournée avait lieu à Dallas. C'était l'ultime chance pour les cameramen d'avoir des images de Johnny *in situ.* Après les balances, il fut décidé que, accompagnés de Johnny et Laeticia, ils monteraient dans notre tourbus, lequel sillonnerait la ville pendant une trentaine de minutes. À eux de récolter des images de ce qu'ils espéraient faire passer pour notre quotidien. Le résultat fut catastrophique, il n'y avait rien d'exploitable. Nous nous regardions tous en chiens de faïence, incapables d'avoir l'air naturel.

Le soir, la production avait réservé un restaurant pour un banquet de fin de tournée. Toute l'équipe, techniciens compris, était présente, les cameramen papillonnaient autour de nous.

Pour moi aussi, c'était le repas de la dernière chance. Avec ma femme nous désirions avoir un enfant et, après quelques FIV ratées, nous avions obtenu un agrément pour adopter. Ça avait été un véritable chemin de croix.

Vu mon âge, nous avions été prévenus qu'on nous confierait un enfant malade de plus de 5 ans ; nous avions même dû cocher les maladies que nous acceptions sur un formulaire. C'était atroce et très déprimant. Johnny ayant adopté des nourrissons, on s'était dit qu'il pourrait peut-être nous pistonner.

Avant de partir aux States, j'avais pour mission de lui en parler, malheureusement, sur place, l'occasion ne s'était pas présentée, il était souvent de mauvais poil… La seule fois où j'en avais eu une, c'était lors de la soirée à La Nouvelle-Orléans, mais ça m'était sorti de la tête. Il ne me restait plus que ce repas.

Au moment du dessert, je me retrouvai en bout de table assis juste à côté de lui.

J'approchai ma chaise, et, à l'abri des oreilles indiscrètes, j'attaquai : « Dis-moi, Johnny, avec ma femme, nous galérons pour avoir un enfant, nous pensons en adopter un, mais c'est compliqué vu mon âge, nous ne pouvons adopter qu'un enfant de plus de 5 ans… »

Il m'interrompit :

« Ah non, 5 ans, c'est trop grand, il faut les avoir tout petits !

— Ben, ouais, justement, comment tu as fait, toi ? »

Il prit alors sa plus grosse voix et interpella Laeticia à l'autre bout de la table, tout le monde se tut et les caméras se braquèrent sur lui : « Laeticia ! Fred n'arrive pas à avoir d'enfant et il voudrait en adopter… »

Le lendemain, nous sommes rentrés à Paris. Johnny, lui, s'apprêtait à enregistrer son futur album réalisé par Don Was. Un temps, il fut envisagé de le faire avec le groupe mais l'idée fut abandonnée. Nous devions nous retrouver pour des promos en fin d'année avant de repartir en tournée l'année suivante.

Début septembre ma femme tomba enceinte, nous étions fous de joie. L'accouchement était prévu au printemps, au beau milieu des répétitions.

Mon choix fut vite fait, il était hors de question que je rate la venue au monde de mon fils et je tenais à rester auprès de ma femme pendant toute la grossesse.

Je culpabilisais un peu vis-à-vis de Johnny et décidais d'attendre que les trois premiers mois soient passés pour annoncer la nouvelle de mon départ à Yarol.

ÉPILOGUE

En novembre, Johnny sortait *Resté vivant*, son nouvel album produit par Don Was, et avait quelques promos de prévues à Paris.

Yarol m'avertit que Don Was étant bassiste, il viendrait tenir la basse et participer aux interviews. Il me laissa entendre que pour la prochaine tournée il risquait d'y avoir des changements. Johnny avait assisté à un concert de Bruno Mars aux States et avait été époustouflé par le son et le groupe, ignorant qu'ils jouaient en play-back. Il manifesta le désir de les engager, ainsi que l'ingénieur du son.

L'époque était donc au changement…

La prod, de son côté, désirait mettre un grand coup de balai et apporter du sang neuf. Les vieux de la vieille, Jacques Rouveyrollis et Bernard Schmitt, furent remerciés et, hormis Robin Le Mesurier, tous les Ricains furent virés.

Ça sentait le roussi pour nous tous, excepté Yarol qui restait aux commandes. On parlait de renouveler l'équipe au grand complet, y compris Geoff Dugmore.

À Paris, de nombreux musiciens jouaient des coudes pour monter à bord. Plusieurs membres du groupe se sont accrochés à leur place, n'hésitant pas à aller plaider leur cause auprès de Johnny à L.A. ; certains ont réussi.

Moi, dans cette période trouble, je n'ai pas bougé, de toute façon j'avais décidé d'arrêter, mais j'étais tout de même un peu vexé de me retrouver dans la peau d'un mec qui se faisait virer alors qu'il s'apprêtait à annoncer son départ.

En décembre, Yarol me demanda quand même de participer à une ou deux promos TV. Je me souviens qu'ils avaient lourdement insisté, avec Seb, le manager, et les gens de la prod, en me disant qu'en aucun cas cela signifiait que je ferais la tournée suivante. Ils redoutaient que je profite de l'occasion pour retourner le cerveau de Johnny.

Pour moi une page se tournait et un nouveau chapitre s'ouvrait. Rétrospectivement, j'ai traversé ces quatre années avec Johnny en étant très attentif aux multiples aspects de cette folle aventure et en essayant de voir les choses de manière lucide et détachée, un peu comme un sociologue, cet état d'esprit m'ayant certainement aidé à atteindre le fameux lâcher-prise indispensable sur scène. Bien conscient malgré tout que, dans ce milieu de requins, si je n'avais pas été à la hauteur musicalement, je n'aurais pas tenu quatre ans mais quatre minutes.

Musicalement et humainement ce fut une expérience extrêmement enrichissante, qui m'aura permis de rencontrer de très belles personnes et d'autres un peu moins reluisantes.

J'ai fini par avoir de Johnny l'image d'un carrosse rempli d'or filant à toute allure et perdant des pièces en chemin. Dans son sillage, une poignée de personnes du show business, pas forcément bien intentionnées, surtout préoccupées de récupérer une partie du butin et empêcher quiconque d'approcher. Je crois que Johnny n'était pas dupe mais qu'il s'en foutait tant qu'il pouvait maintenir son train de vie et prélever son dû.

Sous des airs parfois bourrus, c'était quelqu'un de sensible et attentionné. Lors de notre premier passage au Stade de Genève, il avait été très content du battage médiatique autour de ma petite personne et m'avait chaleureusement présenté au public. Alors que nous étions revenus à l'Arena de Genève en fin d'année, il n'avait pas percuté et m'avait présenté comme partout ailleurs.

Mathieu, le coiffeur, m'avait raconté que le lendemain, il s'en était voulu et avait tenté de corriger le tir en disant beaucoup de bien de moi à une journaliste suisse venue l'interviewer.

Il me conseilla de me procurer l'article et de remercier Johnny ; il y serait sensible. Effectivement, lorsque je le remerciai, il fut très content que son attention ne soit pas passée inaperçue et profita de l'occasion pour s'excuser d'avoir oublié que nous étions dans ma ville.

Dans le même ordre d'idées, je me souviens d'être allé un jour chez Philippe Manœuvre, peu après la tournée américaine. Il me montra l'édition vinyle du concert au Théâtre de Paris avec Brian Setzer, c'était un double disque. Une fois ouvert, on découvrait une grande photo de Brian, Johnny et moi en pleine action.

Philippe était très surpris que je n'aie jamais vu cet album et il me donna un de ses deux exemplaires. Aujourd'hui, je regrette de ne pas avoir également remercié Johnny pour cette attention, il n'en était peut-être pas l'instigateur mais le simple fait qu'il ait accepté de conserver cette photo était déjà un très beau cadeau.

À l'époque du Stade de France, j'ai eu la chance d'être admis dans l'intimité du premier cercle… Je n'y suis pas resté longtemps, très surpris de découvrir que dans l'œil du cyclone, tout le monde était tout miel et adoptait un ton infantilisant avec Johnny. J'étais incapable de me mettre au diapason.

Enfant, à la maison, mes parents n'écoutaient pas ses disques et de mon côté, ayant toujours baigné dans la contre-culture, j'avais observé sa carrière de loin… À son contact, je me rendais compte que je connaissais très mal son œuvre considérable et ça me gênait beaucoup vis-à-vis de lui.

D'un point de vue humain, c'était quelqu'un pour qui j'avais beaucoup d'affection et envers qui je serai éternellement reconnaissant de m'avoir donné ma chance, malgré les vents contraires ; je crois qu'il m'aimait bien aussi.

Nous avons continué à échanger de loin en loin par SMS ou par mail. Je lui ai envoyé des photos de mon fils, lui faisant remarquer que lui aussi avait une coupe Beatles. Il adorait les enfants et m'avait gentiment répondu.

Peu avant le décès de Johnny, dans mon quartier, j'ai rencontré par hasard Bernard Schmitt. Il m'a dit : « C'est dingue comment tu es arrivé dans cette histoire, toi ! En plus de vingt ans de tournée, je n'ai jamais vu ça. Tu as mis le pied dans la porte et tu as réussi à entrer, l'air de rien ! Chapeau ! »

Quelques jours plus tard, je retrouvais mes vieux camarades d'A. S Dragon et Bertrand Burgalat à l'occasion d'une exposition d'Étienne Daho où des photos du groupe étaient exposées. Ça faisait des lustres que nous ne nous étions pas retrouvés tous ensemble.

Le soir, une fois de retour chez moi, je cassai ma clé dans la serrure en refermant ma porte et me retrouvai enfermé à l'intérieur.

Le lendemain matin, nous apprenions le décès de Johnny. Mon téléphone n'arrêtait pas de sonner, principalement des journalistes suisses hystériques qui saturaient mon répondeur et bloquaient ma ligne à l'affût d'une réaction, alors que sous le choc j'essayais désespérément de joindre un serrurier.

J'avais bien mis le pied dans la porte, mais cette fois, elle s'était refermée pour toujours, semblait-il.

REMERCIEMENTS

Un grand merci à Bertrand Burgalat pour m'avoir encouragé à écrire ce livre, sans lui ce récit n'aurait jamais fini sur papier.

Merci à Yarol Poupaud pour avoir conforté Johnny dans le choix de m'engager ainsi qu'à Olivier Lude et Frédéric Scamps, devenus des amis proches, pour tous ces bons moments partagés.

Merci également à Jean Le Gall et Jean-Pierre Montal pour avoir réagi au quart de tour.

Et bien sûr un grand merci à Johnny, où que tu sois…

TABLE DES MATIÈRES

#lisez! engagé
www.lisez.com
Pour plus d'information :
Imprimé sur du papier issu de forêts gérées durablement.

Achevé d'imprimer par
Normandie Roto Impression s.a.s.
61250 Lonrai
N° d'impression : 2400314

Imprimé en France